JN436474

만남의
꽃다발

국립중앙도서관 출판시도서목록(CIP)

만남의 꽃다발 : 신영철의 한길 40년 / 신영철 엮음.
-- 서울 : 리드리드출판, 2006
P. ; cm

ISBN 89-7277-241-0 03320 : ₩12000

325.04-KDC4
650.1-DDC21 CIP 2006002659

만남의 꽃다발

신영철의 한길 40년

신영철 엮음

리드리드출판

'만남' 에서 '만남의 꽃다발' 로

안녕하셨습니까?

제가 지난 9월 1일자로 사단법인 한국능률협회에 들어온 지 만 40년을 지나게 되었습니다.

그 동안 모든 면에서 저를 이끌어 주시고 격려해 주신 많은 분들께 어떻게 보답하고 어떻게 감사의 말씀을 올려야 할는지 몰라 참으로 막막하던 차에, 그 동안 만나뵈었던 분들 가운데 특히 잊을 수 없는 분들을 찾아 그 한 분 한 분에게 감사의 인사를 올리는 글을 써서 모으고 거기에 해당되시는 분들이 저에 대해 그 동안 보고 듣고 느끼셨던 글을 직접 받아 실으면 정말로 금상첨화가 될 것이라는 생각에 두루 청탁을 올렸습니다.

그런데 뜻밖에 여러분들께서 정성스레 글을 써 주셨는데, 막상 제가 그 한 분 한 분에 대한 글을 쓰려니 꽉 막혀서 도리어 큰 고민에 빠지게 되었습니다.

제가 평생 많은 글을 쓰고 살아온 입장이라 매우 쉬울 것으로 생각하고 시작한 일인데, 막상 쓰려고 해 보니 그게 그냥 쉬운 일이 아니라는 것을 깨닫게 되었습니다.

사실, 제가 그 모든 분들에 대해서 이런저런 말씀을 써 내려간다는 것이 자칫하면 커다란 결례가 될 것 같기도 하고, 그래서 몇 달을 두고 고민 고민하다가 마침내는 제가 쓴 글을 다 유보해 두고 제가 받은 감사의 글만을 그대로 모아 엮어내는 것이 옳겠다는 결론에 이르게 되었습니다.

제가 전해 받은 모든 글월의 끝머리에 '댓글' 정도의 소견을 다는 선에서 예의를 다하는 것이 옳겠다는 생각으로 마무리했습니다. 그래서 이 책의 제목도 '만남'에서 '만남의 꽃다발'로, 제가 축하의 꽃다발을 받는 형식으로 바뀌게 되었습니다.

그렇게 해서 이 책이 처음 구상대로 되지 아니하고 지금의 모습으로 끝나게 된 것을 매우 송구스럽게 생각합니다.

또한 그 동안 신세진 그 많은 분들을 한꺼번에 다 모실 수 없어, 이번 책은 이 정도로 마무리를 짓고 차례대로 제2권, 제3권 엮을 때마다 새로 모실 예정이오니 이번에 빠지신 분들, 너무 노여워하지 마십시오.

그리고 여기에 글을 주신 모든 귀하신 분들께는 나중에 먼 훗날 제가 회고록 형식의 글을 남겨야 하겠다는 생각이 들 때, 다시 힘을 내서 정식으로 매듭하는 글을 써 모아 엮어냄으로써 오늘의 결례를 덮고자 하오니 널리 혜량 있으시기 빌어 마지않습니다.

감사합니다.

2006년 송년을 앞두고…

신영철 올립니다

차 례

제 1 장 _ 학교 시절, 아주 귀한 만남

제 2 장 _ 세상에 나서, 사회에서의 첫 만남

제 3 장 _ 도움을 주신 분들, 고마우신 분들

제 4 장 _ 용기를 주신 분들, 고마우신 분들

제 5 장 _ 넓은 세상, 로타리 광장에서 만난 분들

제 6 장 _ 일본에서 온 축하, 격려의 말씀들

| 약력 |

엮은이 **신 영 철**

1937년 강원도 김화 출생
1961년 서울대학교 문리대 철학과 졸업
1963년 월간 「비지네스」 편집장
1966년 한국능률협회 입사
월간 「현대경영」 창간 편집장
1970년 월간 「현대경영」 주간
1972년 한국능률협회 개발사업부장
사내훈련본부장
1974년 출판사업부장
1976년 교육사업부장
업무 · 총무부장
1977년 한국능률협회 상임이사
1978년 한국능률협회 상무이사
1982년 한국능률협회 전무이사
1990년 한국능률협회컨설팅(KMAC) 대표이사 사장
1997년 한국능률협회그룹(KMA GROUP) 부회장(현)

1986년 연세대학교 어학당 영어과정 수료
1989년 서강대학교 영어교육연구소 수료
1992년 게이오 · 하버드 최고경영자강좌과정 수료
1992년 고려대학교 국제대학원 최고국제관리과정 수료
1997년 연세어학원 중국어과정 수료
2006년 WHARTON · KMA CEO Institute Program 수료

웃으며 살 수 있는 것, 아름답습니다

세월의 흐름을 무시할 수가 없군요.
그러나 지금도 웃으며 살 수 있는
그 행복한 시간이 아름답습니다.
감사하고, 또 감사합니다.

2006년 6월,
여의도 공원을 바라보며

축하의 말씀

『한길 40년』 발간에 부쳐

송인상 宋仁相

사람의 나이가 40세가 되면 사물의 이치를 깨닫고 흔들림이 없다 하여 불혹(不惑)이라 표현합니다. 하물며 한 직장에서 40년간을 근무하였다고 하면 그 '업(業)' 에 대한 이해의 깊이는 두말할 필요가 없을 것입니다.

신영철 부회장이 이룩한 그간의 업적은 능률협회의 발전과 그 맥을 같이합니다. 1966년 입사 후 「현대경영」을 창간하고 정열을 바쳐 키움으로써 전문 경영잡지의 새로운 지평을 열었고, 이후 수많은 난관과 역경을 헤치고 신사업을 발굴, 개척하여 한국의 산업교육을 선도하는 기관으로 한국능률협회가 자리매김할 수 있도록 하였습니다.

1998년 대표이사 상근부회장으로 취임한 이래, 1만 개의 기업과 기관을 방문하겠다는 야심찬 목표를 세우고 지금도 매일 하루 2~3개의 기업을 방문하고 있는 것도 높은 사명감이 있기에 가능한 일이라고 생각됩니다.

가슴속에 원대한 꿈을 품고, 그 실현을 위해 끊임없이 노력하는 그의 모습에 깊은 감명을 받습니다. 인간과 사회에 대한 깊은 성찰과 긍정적이고 적극적인 사고방식, 그리고 자기 내면과의 대화에서 비롯된 그의 글들은 수많은 독자들에게 감동을 주고 그들의 삶에 영향을 끼쳐 왔습니다.

그는 또한 탁월한 예술가적 재질을 타고난 분입니다. 명사미술전 등을 통해 만난 그의 미술 작품들은 섬세하고 유려한 화풍으로 그의 성격을 그대로 보여주곤 합니다. 이러한 소양 덕분에 자칫 딱딱할 수도 있는 경영컨설팅이란 분야를 훨씬 친근하게 다가갈 수 있게 한 것도 그의 업적 중 하나입니다.

** 제가 처음으로 송인상 회장님의 그림자를 밟았습니다 (제가 KMAC의 사장으로 선임되던 날).

신영철 부회장이 그 동안 만나 온 다양한 이들과의 만남을 중심으로 펴낸 이 책은 우리나라 산업교육의 선구자로서 갖는 그의 무게감과 평소 삶의 자세, 그리고 풍부한 감수성이 합쳐져 유익하면서도 읽는 재미를 느끼게 해 줍니다.

아무쪼록 이 책을 통하여 많은 독자들과 더욱 특별한 만남을 갖게 되길 바랍니다.

〈한국능률협회 회장〉

소중한 만남

김상하 金相廈

우리는 인생을 살면서 수많은 만남을 경험하게 됩니다.

태어나면서 가족을 만나고, 학교에 들어가면서는 친구들을 만나고, 사회 생활 속에서는 선후배와 동료 등 무수히 많은 사람들을 만납니다. 이러한 만남들을 통해서 우리는 그들과 함께 인생을 엮어가고 있으며, 더불어 우리의 인생살이도 더욱 풍요로워지는 것이 아닌가 생각합니다.

사는 동안의 모든 만남이 다 의미가 있겠습니다만, 오랜 시간을 이어 온 만남은 그 의미가 특히 남다를 것입니다. 나와 신영철 부회장과의 만남도 벌써 어언 30여 년이 되어 갑니다. 나의 기억으로는 1979년 원용석 회장님의 권유로 한국능률협회와 인연을 맺으며 처음 신 부회장을 만나게 되었던 것 같습니다. 첫 만남에서 뿔테 안경 너머로 반짝이던 신 부회장의 눈동자는 아직도 눈에 선합니다. 그 후 강산이 세 번이나 바뀔 만큼 오랜 시간이 흘렀지만, 인연을 소중히 여기고 꾸준히 지속하고자 하는 신 부회장 특유의 성실함과 친화력이 있었기에 신 부회장과 나는 지금까지도 유쾌한 만남을 이어 가고 있습니다.

신 부회장이 한국능률협회와 만남을 가진 지 올해로 꼭 40주년을 맞았다고 합니다. 진심으로 축하를 드리며, 우리 경제 개발 태동기에 불모지와 같은 경영교육 · 컨설팅 분야에 투신하여 투철한 봉사정신과 근면함으로 지난 40년을 우직하게 한 길을 걸어온 신 부회장의 뚝심에 박수를 보내 드립니다.

사람이건 조직이건 간에 한번 맺은 인연을 소홀히 여기지 않으시고, 소중히 지켜 가고자 최선을 다하시는 신영철 부회장의 열정과 끈기에 다시 한번 경의를 표하는 바입니다. 아무쪼록 앞으로도 계속해서 한국의 경제 발전에 중추적인 역할을 담당해 주실 것을 부탁드리며, 아울러 한국능률협회의 무궁한 발전을 기원합니다.

〈전 대한상의 회장 · (주)삼양사 회장〉

＊＊ 김상하 회장님께서는 KMA의 행사에 자주 참여하시어 격려와 축하를 해 주셨습니다.

『한길 40년』 발간에 부쳐

강신호 姜信浩

현대를 흔히 '변화의 시대' 라고 합니다. 기업 경영 면에서 '변화의 시대' 란 무엇이든 변화하지 않고 변신하지 않으면 살아남기 힘들다는 뜻으로, 필자도 경영인의 한 사람으로서 '변화의 시대' 라는 말에 동감하는 바입니다. 그러나 가끔 이러한 변화가 익숙한 것들과의 이별을 주기도 합니다. 국내 기업들이 변화하기 위해 서로 인수, 합병되면서 우리나라 경제 성장의 견인차 역할을 했던 기업들의 이름을 좀처럼 찾기 힘들고, 이와 함께 경영권 승계 및 변화를 위한 전문 경영인들을 내세우면서 경제 1세대 주역들도 대외활동 자리에서는 모습을 뵙기 힘든 것이 사실입니다.

이런 현상이 비단 기업, 기업인만의 모습은 아닐 것입니다. 평생 직장의 개념이 사라지고 근속연수가 점점 짧아지는 것도 이런 변화의 시대가 가져온 결과물일 것입니다.

그런 와중에 KMA 신영철 부회장의 『한길 40년』 발간 소식을 듣게 되었습니다. '40년', 1만 4천6백 일이라는 긴 시간 동안 한 조직에 꾸준히 적을 두고 업에 매진했다는 소식을 들으니 오랜 친구가 성공한 것처럼 흐뭇함을 감출 수 없었습니다.

필자는 지난 62년 KMA 창립 당시 발기인으로 참여한 것을 계기로 71년 비상임 부회장직을 역임하면서 KMA와 꾸준히 인연을 맺어 왔습니다. 신 부회장과는 KMA에서 인연을 맺어 40여 년을 동지처럼 지내고 있기에 이번 일이 더욱 의미 있게 다가옵니다.

신영철 부회장의 40년은 산업교육·경영컨설팅 기관으로서 KMA의 역할을 알리고, 국내 기업과 기업인들에게 앞선 산업교육과 경영컨설팅을 통해 한국 경제를 발전시켜 온 시간이라고 할 수 있습니다. 또한 40년 외길 인생의 큰 업적은 조직 안에서 야심찬 목표를 세우고 충심으로 노력한 신영철 부회장의 업(業)에 대한 진지한 자세가 빚어낸 결실이라고 생각됩니다.

아무쪼록 『한길 40년』을 통해 조급하게 급변하는 환경에서 선구자들의 혜안을 읽으며, 여유를 되찾고, 새로운 미래를 설계하시길 기원합니다.

〈전경련 회장·동아제약 회장〉

＊＊ 강신호 회장님께서는 KMA 창립 당시부터 큰 관심과 격려를 보내주셨습니다 (역대 한국의 경영자상 수상 기념식장에서).

한국능률협회의 업적이자 영광

손경식 孫京植

40년이라는 오랜 시간 한국능률협회에 몸담아 오면서 협회 역사의 산증인이 되어 오신 신영철 부회장의 저서, 『한길 40년』 출간을 진심으로 축하드립니다. 1962년 협회가 창립한 지 4년 후인 1966년부터 현재까지, 참으로 오랜 세월 한 기관에서 동고동락해 오신 모든 자취와 성과를 기록한 저서의 출간은 신 부회장 개인은 물론 한국능률협회의 업적이자 영광으로서 많은 사람들의 기쁨이자 귀감이 되는, 참으로 존경스런 일이 아닐 수 없습니다.

모든 경제 논리의 최우선 순위로 '경제 성장'이 논의되던 시기에 설립된 한국능률협회는 그 동안 한국적 토양에 적합한 기업 경영의 혁신과 합리화, 경쟁력 강화를 위한 최적의 기법을 연구 · 제공해 왔습니다. 또한 기업의 인적자원 개발 활동을 체계적이고 효과적으로 지원함으로써 국내 산업교육 부문의 발전을 선도하며 우리나라 경제 성장의 든든한 후원자로서 역할을 충실히 수행해 왔습니다. 곧 도래할 지식 정보화 사회, 글로벌 경제 시대에 한국능률협회의 이 같은 역할은 더욱 중요해질 것이 분명하며, 지금까지 그래 왔듯 그 중심에는 늘 신 부회장이 함께하실 것임을 믿고 있습니다.

한국능률협회가 한국의 산업계를 대표하는 공익기관이 되기까지, 거의 반세기에 이르는 세월을 물심양면으로 노고를 아끼지 않으신 신 부회장께 이 자리를 빌려 다시 감사를 드립니다. 언제 어디서나 늘 웃는 모습으로 회원 간의 인화단결에 앞장서 오신 그 특유의 친화력과 온화한 성품은 물론, 모든 공을 자신이 아닌 회원들에 넘겨주시는 넓은 아량에도 다시 한번 경의를 표합니다.

이러하신 신 부회장께서 협회에 재직하시는 동안의 모든 노력과 추억을 담아 낸 저서를 출간하셨으니 이보다 더한 기쁨은 없을 것입니다. 작은 만남 하나도 소중히 여기며 어질게 베풀어 오신 성품과 자취를 고스란히 볼 수 있는 『한길 40년』 출간을 축하드립니다. 감사합니다.

〈대한상공회의소 회장 · CJ 그룹 회장〉

＊＊ 언제나 온화하고 중후하신 손경식 회장님. 최근에는 대한상공회의소 회장으로 KMA 행사에 자주 참여하고 계십니다.

만남, 그 소중함에 부쳐

김재철 金在哲

사람과 사람 사이를 인간(人間)이라고 한다. 한 사람, 한 사람의 존재를 낱낱으로 따로 떼어서 보는 서양과 달리 동양에서는 사람을 관계 속에서 파악하기 때문에 인간이라고 부르는 것이다. 미국 카네기 공대 졸업생을 추적 조사한 결과, 그들도 한결같이 '성공하는 데 전문적인 지식이나 기술은 15퍼센트밖에 영향을 주지 않았으며, 나머지 85퍼센트가 인간관계였다' 고 말했다고 한다.

신영철 부회장님이 한국능률협회 활동을 통해 한국 실정에 맞는 기업의 경쟁력 강화 기법을 연구하고 제공함으로써 우리나라 산업교육의 틀을 마련해 오셨음은 자타가 다 아는 사실이다. 그 소중한 만남에 관한 책을 발간하신다니 참으로 반가운 마음이 앞선다.

신영철 부회장님은 60년대 우리 경제의 성장기부터 오늘에 이르기까지 산업교육과 경영컨설팅을 통해 한국 기업의 경영 혁신과 경쟁력 강화를 위해 노력해 온 한국능률협회를 40년간 지켜 오며 대한민국 경제와 기업의 성장사를 지켜봐 온 산증인이시다.

하찮은 자리도 아니고 그런 중요한 자리에서 40년을 변함없이 일한다는 것은 참으로 대단한 일이 아닐 수 없다. 자신의 일에 대한 대단한 열정과 사명감은 물론 그 일을 훌륭하게 해낼 만한 능력이 부족해도 불가능한 일이기 때문이다.

그 힘든 일들을 훌륭하게 수행하시는 동안 신영철 부회장님이 만난 분들이 어디 한둘이며, 만만한 인물이 하나라도 있었겠는가? 또한 그 만남에 얽힌 이야기들로부터 우리가 배우고 깨달을 점들이 어디 하나 둘이겠는가? 바쁘신 가운데도 자주 무역협회장실에 방문하시어 귀한 말씀을 나눌 수 있었던 일은 지금도 내 개인적으로 값진 만남이었다고 생각한다.

사람뿐만 아니라 책과의 만남을 통해서도 얻을 것이 태산 같은 법이니 부디 더 많은 사람들이 신영철 부회장님의 귀한 책을 접하게 되기를 바라는 마음 간절하다. 그 책을 통해 더 많은 경영인들과 젊은 인재들이 신영철 부회장과의 소중한 만남을 갖고, 더 높은 도약을 위한 큰 깨달음을 얻을 수 있기를 기대한다.

〈전 한국무역협회 회장 · 동원산업 회장〉

* * 한국의 경영자상 수상 축하 리셉션장에서 KMA를 격려해 주시는 김재철 회장님.

『한길 40년』 발간에 부쳐

박승복 朴承復

신영철 한국능률협회 부회장이 한 직장에서 40년을 근무하며 겪어 온 그간의 일을 책으로 쓴다는 소식을 들었을 때, 매우 반가운 마음이 들었다. 더군다나 그 내용이 그 동안 만났던 사람들과의 만남이라고 하니 참으로 의미가 깊겠다는 생각이다. 그가 만난 유수의 저명인사들과 경영인들과 공직자들, 또한 친화력과 성정이 남다른 그를 진정 사랑해 주는 가족과 친구들 · 동료 직원들의 이야기라니, 그 속에 진실이 담겨 있을 것임은 불문가지가 아니겠는가!

나 역시 살아오면서 수많은 경험을 했지만, 기억나는 일들의 대부분은 사람과의 만남에 관한 것들이다. 때로는 아쉬움도 있으나 지금껏 좋은 분들과의 의미 있는 만남이 내 인생을 좌우했던 것 같다. 간혹 간담회나 초청 모임에서 약간의 사담이라도 할 수 있는 기회가 생기면 내가 만난, 잊을 수 없는 분들과의 일화를 얘기해 듣는 이들을 즐겁게 해 주곤 한다. 사람이 기계가 아닌 이상, 업무상으로 만났든 사적으로 만났든 인간사의 만남에는 늘 훈훈한 인정이 자리 잡기 마련이다.

신영철 부회장과의 인연도 그렇다. 무려 20년이란 연배차에도 불구하고 그는 윗사람인 나를 깍듯이 받들고 한결같은 마음으로 대한다. 나 역시 그의 의견을 존중하며 내 경험을 성의껏 전하려고 한다. 내가 본 신영철은 원리원칙대로 일을 진행하되 사적인 자리에선 부드럽고 허물없는 분위기를 조성하는 매우 따뜻한 사람이다. 지난 30년간을 우리가 인생의 선후배로, 또한 허물없는 관계를 유지해 온 이유도 그의 따뜻함과 성실함 때문이라고 생각한다.

사람 또한 자산이라고 하는데, 이 말대로라면 신영철 부회장은 그가 만난 사람들로 인해 우리나라에서 보기 드문 부자라고 볼 수 있다. 이 책이 그의 부(富)의 비결을 다른 사람들에게 알려 주는 것은 물론 지인들에게는 그의 따뜻한 성정을 다시 한번 확인시켜 주는 계기가 될 것으로 믿는다. 앞으로도 좋은 사람들을 만나 그의 부가 더 쌓이기를 바란다. 그의 건승을 빈다.

〈한국상장회사협의회 회장 · 샘표식품(주) 회장〉

＊＊ 송인상 회장님을 대선배님으로 깍듯이 예우하시고 항상 존경을 보내시는 박승복 회장님 (한국의 경영자상 수상식장에서).

신영철 부회장님과의 만남

박영주 朴英珠

한 사람을 만나고 그 사람을 알아 가는 즐거움은 그 무엇에도 비할 바가 없습니다. 많은 것을 배우고, 그의 생을 통해 자신을 되돌아볼 수 있게 된다는 점에서 매우 소중한 일이기 때문입니다. 그런 의미에서 신영철 부회장님은 많은 것을 생각하게 하시는 분입니다.

신 부회장님은 늘 청년의 분위기를 갖고 계십니다. 한국능률협회에서 근무하신 지 40년이나 되었다는 사실이 믿어지지 않습니다. 30여 년 전 처음 뵈올 때나 지금이나 한결같이 겸손하고 정직하신 모습입니다.

열성적이고 능률적으로 일하면서도 그림자처럼 역할을 다하시는 분입니다. 오늘의 한국능률협회가 있기까지 신 부회장님의 손길이 닿지 않은 곳이 없을 정도로 일에 대한 열정이 가득합니다.

무엇보다도 새로운 아이디어로 주위 사람들에게 많은 자극을 주는 분입니다. 급변하는 시대에 늘 앞서서 생각하고 행동한 것이 오늘의 한국능률협회를 이룬 것입니다.

상대방을 편안하고 기쁘게 만드는 힘이야말로 그 분의 진정한 능력입니다. 방문하시겠다는 전갈을 받으면, 선명하게 그려 낼 수 있을 정도로 완벽하고 흐트러짐없는 모습으로 찾아오십니다. 기대를 안고 만나 좋은 시간을 가진 것은 언제나 큰 기쁨이었습니다.

앞으로도 후배들이 본받을 수 있는 사표(師表)로서 활발하게 활동하시며 귀한 경험들을 나누어 주시기 바랍니다.

신 부회장님의 건승과 한국능률협회의 무궁한 발전을 기원하며, 『한길 40년』의 출간을 축하드립니다.

〈한국메세나협의회 회장 · 이건산업 회장〉

＊＊ 한국의 경영자상 수상 축하 리셉션장에서 귀빈들을 영접하시는 박영주 회장님.

제 1 장

학교 시절, 아주 귀한 만남

희망을 만드는 사람

신창국 申昌國

우리의 만남은 전란 속에서 피난살이하던 소년 시절에 이루어졌다. 공부하는 학생으로 만난 게 아니라 주먹밥을 얻어먹으며 만난, 배고프고 불쌍한 소년들이었다.

그 어려운 시절에 우리는 만나면 공부 이야기, 책 본 이야기로 날을 보냈다. 그러다가 무슨 잡지책 같은 것을 만들었다. 물감을 풀어 잉크를 만들고, 누런 재생 종이에 글을 쓰고 그림을 그리고, 책을 만드는 일에 재미를 붙였다.

그때 나의 생활 속에는 신영철이라는 친구가 친구를 넘어 '나의 희망' 이었고, 심하게 말해서 '나의 생명' 과 같았다.

나는 매일같이 신영철을 찾아갔다. 바람이 쌩쌩 불고 눈이 무릎까지 푹푹 빠져도 아침 일찍 달려갔다. 어떤 날은 끼니도 신영철의 집에서 해결하고 '에라 모른다' 하고 한 이불 속에서 잠을 잔 날도 많았다. 며칠을 안 돌아온 자식을 찾아 어머니가 오신 적도 있었다. 어머니는 '어린 아이 적부터 집을 나가 버릇하면 못쓴다. 그 집에서 싫어할 것을 넌 모르냐' 고 책망하셨다. 그래서 정말 신영철이 나를 싫어하는 기색이 있는지 그의 표정을 몰래 살펴보기도 하였으나 그런 기색은 전혀 보이지 않았다.

내가 이처럼 미치게 좋아한 것은 신영철뿐이 아니었다. 내가 더 존경하고, 부러워하고, 보고 싶었던 분은 그의 아버님이셨다. 그의 아버님은 인격적으로나 학덕으로나 내 아버지와는 천지 차이요, 그 어려운 시절 난리통에 휩쓸려 거지 신세가 된 고향 군민들을 인솔하고 피난살이를 맡아 보던 분이셨다.

어느 날 그 분께서 우리가 공부하고 책을 만드는 작업을 하는 중에 오셨다가 여러 가지 교육적인 말씀을 하시고, 재미난 노래를 배워 보라고 노래를 하시는데 이런 노래였다.

소년은 이로하고 학난성하니
일촌의 광음인들 불가경이라.
미각지당엔 춘초몽인데
계전에 오엽은 이추성이라.
少年易老學難成; 소년은 쉽게 늙고 학문은 이루기 어려우나니
一寸光陰不可輕; 순간의 세월을 헛되이 보내지 마라.
未覺池塘春草夢; 연못가의 봄풀이 채 꿈도 깨기 전에
階前梧葉已秋聲; 계단 앞 오동나무 잎이 가을을 알리나니.

나는 그게 무슨 소리인지 못 알아듣고 어안이 벙벙해 있는데, 그 아버님께서 한자로 적어 보이며 "이게 무슨 소리냐" 하시자 신영철이 술술 외우며 우리말로 해설을 하는 것이었다. 그때 나는 속으로 놀랍고 신영철이 잘나 보이고, 이런 친구가 내 것이라 생각하자

자랑스럽고 든든한 마음이 들었다. 그를 절대로 놓치지 않아야겠다고 결심하였다.

그러나 그런 행복하고 즐거운 시간은 오래 가지 못했다.

어느 날 신영철이 측은해 하는 표정으로 머뭇거리더니, 온 가족이 이사를 가게 되었고 어쩌면 학교도 다니게 될 것 같다는 말을 하는 것이었다. 나는 아찔하여 앞이 캄캄해졌다. '신영철을 잃는구나' 하니 나의 희망이 무너지는 것이었다.

그러나 친구가 잘되는 길로 떠난다는데 싫은 기색을 할 수가 없어 억지로 참았다. 피난민 수용소에 돌아온 나는 이불을 뒤집어쓰고 울었다. 끼니도 굶었다. 꾀병치레로 며칠을 울었다. 그러다가 정말 병이 들어 한 달을 죽게 앓았다.

* * 그는 서울대 미대에 진학했을 만큼 섬세한 미술 감각을 지니고 있습니다. 이 그림은 이중섭 화백의 그림인데, 어릴 때 저희들 셋을 상징하는 듯합니다.

그 뒤로 온갖 고생과 죽을 고비를 겪을 때마다 나는 신영철을 떠올리고, 그의 편지를 기다렸다. 그의 편지가 내 희망이었다. 그의 편지는 절망에 빠진 나를 잡아 일으키고 타락하려는 나를 일깨워 다시 책을 잡게 하였다.

그때, 어리고 배고프고 불쌍한 소년이었던 내가 신영철을 만나지 못했더라면 어찌 되었을까, 생각하면 끔찍하고 아찔해진다.

신영철이란 사람, 그는 나에게 죽을 구렁텅이에서 살려 내고 넘어지려는 마음을 일으켜 세우는 사람, '희망을 만드는 사람', 이상한 힘을 가진 사람으로 아로새겨져 있다.

오늘까지도 외길 인생을 오로지 바른 길, '희망을 만드는 사람'으로 앞장서 달리는 모습을 보면서 나는 힘을 얻는다. '우리 두 사람 중에 하나가 여자였더라면……' 하고 혼자 웃어 보기도 하면서 말이다.

〈역술인 · 희망을 예언해 주는 사람〉

감사의 댓글

피난 생활 가운데 이 친구를 온양의 한 수용소에서 만난 것은 저희 형제들에겐 엄청난 천운이었지요. 그와 저, 그리고 제 동생은 그가 피난길에 싸 가지고 온 몇 권의 중학교 교과서를 달달 외우며 공부했습니다. 그리고 그 어려운 생활 속에서도 언제나 희망을 얘기하고 살았지요. 「주간희망」이라는 제목으로 잡지도 만들어 나눠 보곤 했습니다. 그 희망이 이루어졌는지, 그때 그 셋이 마침내 서울대학교에 같이 들어가 동문이 되었습니다.

『한길 40년』에 부쳐

송대헌 宋大憲

'신영철.'

그는 고향 김화에서 태어나 세상 물정 모르는 어린 중학생, 촌놈 그대로 피난길을 걸어야 했다. 현재는 당시의 김화중학교 동창들이 모여 '반달회' 라는 친구 모임을 한 달에 한 번씩 하고 있지만, 이제 그 인원도 점점 줄어들어 10여 명으로 손꼽을 정도다. '반달회' 는어렸을 때 여름철에 자주 놀러 가서 발가벗고 물놀이며 고기잡이 하던 냇가를 끼고 있는 자그마한 '반달산' 의 이름을 따서 지었다. 으레 친구들이 모이면 욕부터 하는 것이 인사다. 그래도 그 중에 한 놈은 손을 번쩍 들곤 빙그레 웃는 것으로 친구를 맞는다.

필자는 중학 때부터 그의 친구로서 대한민국에서 내로라하는 이름 있는 유명 작가도 아니고, 그저 그림이 좋아서 시작해 미술대학을 나와서 중 · 고교 미술 교사를 거친, 진짜 촌 지렁이가 용 된 경우이다. 그러나 신영철이 그림을 그린다는 것은 있을 수도 없고 생각해 볼 이유도 없는, 그냥 성실한 친구일 뿐이었는데 몇 년 전 모임 자리에서 최풍근이란 우리 모임의 회장 녀석이 뜻밖의 소리를 했다.

"야! 송 화백, 너 영철이 앞에서 까불지 마!! 영철이 그림 그리는 거 알아!!??"

전혀 생각도 못했던 말을 느닷없이 불쑥 한마디 하는 거였다.

"뭐? 너 돌았니?? 누가 뭘 그려!"

"야! 너 말이야, 여의도에 있는 영철이 사무실 가 봐! 언젠가 내가 여의도에 일이 있어서 가는 길에 들렀더니 피카소 그림이 있더라. 그래서 물었더니 실실 웃으면서 말을 피하길래 꼬치꼬치 물었더니 자기가 그렸다고 하는데, 네 그림 저리 가라더라."

그래서 나도 그에게 정색을 하고 물었다.

"저 친구, 점심 얻어먹은 값은 안하고 웬 엉뚱한 소리야. 그림은 무슨 그림!!"

그러면서 얼굴색이 쬐금 변하는 것 같아서 다그쳤더니 실토하는 거였다.

"아, 뭐 이따금 엉뚱한 생각이 날 때 긁적거린 게 몇 점 있는데 사무실 벽이 허전해서 액자 끼워서 걸었을 뿐이야. 저 친구, 공자 앞에서 문자 쓴다고 화백 앞에서 망신 줄려고 별소릴 다하는구먼!"

그러면서 아주 계면쩍어하는 것이었다. 언젠가는 내가 직접 찾아가서 핑겟김에 점심도 얻어먹고 그림도 봐야지, 하고 벼르기만 하고 못 가다가 2001년도엔가 중국에 초대되어 교류전을 하게 되었을 때였다. 사무실에 전화를 걸어서 비서에게 걸려 있는 작품 사진을 찍어 보내 달라고 했더니 며칠 후 작품이 왔다.

"허허, 이 녀석 봐라. 대단하네……. 그 친구 참 별난 놈이군!"

구도가 어떻고 선이 어떻고 색채가 어떻고가 무엇이 필요한가.

이제 내일 모레면 70의 영감이 될 나이인데도 제 말마따나 긁적긁적한 그 화면 속에 고향이 있고, 그리움이 있고, 어려서 발가벗고 뛰놀던 물가와 더위를 피하는 버드나무가 있고……. 필자는 가슴 속이 찌르르하는 쾌감과 이젠 퇴색해 버린 어린 시절의 그리움과 향수를 느낄 정도의 충격을 받고 말았다.

"허, 그놈 참!!"

필자는 김화중학교를 나왔지만 원래는 강원도 김화군 원북면 추의리라는 금산 밑 두메산골에서 어린 시절을 보냈다. 그러다가 해방을 맞으면서 홀로 되신 어머님이 자식들 공부시킨다면서 도회지인 김화읍으로 이사를 와 김화중학교를 다니게 됐다.

6 · 25 때 고향에 국군이 들어오자 나는 어린 마음에 총 좀 쏴 보겠다고 잽싸게 나이를 속여 학도병에 지원했다. 그러던 어느 날 맥아더 장군의 인천 상륙작전 성공으로 패주하던 패잔병들이 한놈 두놈 오성산에 모였다가 먹지 못해 이판사판으로 시내를 공격한다는 정보가 입수되었다. 그리고 중대장의 인솔에 따라 약 2주일간 남쪽으로 피했다가 다시 고향에 돌아온다는 말만 믿고 따라 나왔다가 어머님과 영영 생이별을 하고, 거지 생활로부터 시작하여 오늘에 이르렀다. 그렇기에 70이 넘은 지금도 모정에 대한 그리움과 향수에 대한 애절한 집념이 강해서 작품 성향이 대부분 고향의 이미지를 벗어나지 못하고 있다. 그런데 전혀 생각도 못했던 엉뚱한 친구가 그림을 그렸고, 그 그림이 또한 평생을 잊을 수 없는 향수 어린 동심의 세계를 긁적거린 것이라 조금은 시새움 같은 마음도 들고…….

아무튼 아동화에서나 볼 수 있는 천진난만하고 순박하고 꾸임없는, 그래서 고향의 내음과 동심이 어우러진 어린 시절의 꿈을, 그것도 글로서가 아니라 그림으로 형상화했다는 참으로 알 수 없는 이 친구. 겸손하고 허튼소리 안하면서 멍청한 것 같은 그 인상 뒤에, 아니 가슴속에 일곱 살 아이의 마음으로 엄마랑 아빠랑 뛰놀던 고향을 그리는 꿈이 아직도 면면히 흐르고 있다는 사실에 또 한번 놀라게 하는 이 사람이 바로 신영철이라는 고향 친구다.

그 후 모임이 있을 때 "신형! 부탁 하나 하자" 했더니 씨익 웃으면서 물었다.

"뭔데?"

"야! 우리 협회가 대단치는 않지만 자네, 고문 좀 맡아 주게."

"뭐?? 무슨 소리야? 말도 안돼!! 감히 내가 미술단체 고문?? 허허……."

그 후 서너 번이나 조르고 협박 아닌 협박과 애교로 겨우 고문님으로 추대 승인을 받았다.

2005년 동경국제미술공모전에 출품, 입상한 작가에 대한 시상식에 그가 고문으로 참석했을 때의 일이다. 40여 명의 수상작가 중 참석을 예약하고 못 온 사람도 있고 하여 시상식 진행이 뒤죽박죽하다 보니 진행을 보던 협회 총무이사가 "여러분, 정말 죄송합니다" 하고 사과를 했다. 그러자 신영철 고문님이 슬그머니 일어나 마이크를 잡았다.

"오늘 이 시상식을 보니까 웃음꽃이 피고 화기애애하고 정감이 넘쳐 즐거운 것이 분위기가 아주 좋습니다. 저는 직장이 연중 시상을 하는 곳이라 시상에는 이골이 났고, 그래서 단 한 번의 실수도 용납이 안됩니다. 그런데 미술협회의 시상식에 처음 와 보니 그림쟁이들 집단이어서 그런지 분위기가 화기애애하고 처음부터 웃음으로 진행되니, 회장님 이하 관계하시는 여러분께 손바닥이 닳도록 박수로 성원을 부탁합니다. 앞으로 매년 참가해야겠습니다."

그 한마디로 짜증스럽던 시상식장이 활기 넘치는 영광된 자리로 급변했다.

아무튼 망각에 가까운 50여 년 전 6 · 25의 전운을 피해 이 땅에 와서 인생 70을 내다보는 오늘, 한 사회의 존경을 받으며 『한길 40년』이란 회고록을 출판하는 고향 친구에게 진심으로, 그리고 뿌

＊＊ 국제미술제에서 수상하신 분들에게 제가 그 상장을 수여해 주고 또 축사를 했습니다(오른쪽이 제 친구입니다).

듯한 마음으로 찬사와 격려를 보낸다. 또한 서툰 글솜씨가 행여 축하에 누가 되지 않기를 바란다.

"다시 한번 진심으로 축하합니다."

〈화가 · 한국국제미술협회 회장〉

감사의 댓글

저는 지금 이 친구가 회장으로 있는 사단법인 한국국제미술협회의 고문으로 있습니다. 그런 사이인데도 저한테 욕하고 상말 하는 친구는 이 친구뿐이지요. 제가 명사미술전에 초대되어 이름을 올리게 된 것도 전적으로 이 친구의 덕이라고 생각합니다. 그것이 인연이라면 큰 인연이지요.

그의 그림은 아주 유니크하고 이색적이어서 많은 사람들의 호감을 받고 있습니다. 또 동남아 여러 나라의 미술품을 서로 교류하며 후진들을 육성하는 데에도 많은 힘을 기울이고 있습니다.

저희들은 지금도 매월 한 번씩 꼭 모여 앉아 소박한 식사를 하며 허물없이 얘기를 나눕니다. 초등학교 오랜 친구들이 오늘날까지 단 한 번도 쉬지 않고 함께 만나는 그런 우정도 정말 흔치 않은 자랑거리가 될 것입니다.

우 정

백순영 白順永

우리가 처음 만난 것은 지금으로부터 52년 전이다. 일본의 식민지 통치 후에 6 · 25 전쟁을 만났다. 그렇게 어린 시절을 혼돈의 세계 속에서 보내면서 막연히 삶의 방향을 찾고자 할 때였다.

우리는 신촌과 서대문을 지나, 때때로 동대문까지 걸어 다니며 정말 많은 이야기를 나누었다. 거의 모든 것에 철학적으로 심취해 있었고, 서로의 이야기를 듣는 데 익숙해져 있었다.

우리는 삶과 세상을 바라보는 관점에 있어 영혼의 친구였고, 이야기는 우리의 삶이 서로 다른 길을 가게끔 한 대학 시절까지 내내 이어졌다. 비록 당시 나누었던 대화의 자세한 내용은 거의 기억나지 않지만, 그렇게 얘기를 나눌 친구가 있었다는 사실과 그 따뜻하고 즐거운 기분만은 확실히 기억할 수 있다.

나는 신영철과의 우정을 내 삶의 아주 귀중한 선물로서 소중히 간직하고 있다. 그는 항상 낙관적이고 철학적이었다. 유머 감각도 있었고, 매우 창조적이었던 걸로 기억된다. 또한 어떠한 주제에 관해서도 한 번도 부정적이었던 적이 없었다. 우리의 우정이 서로의 삶에 미친 영향과 중요성은 그 어떤 말로도 설명이 불가능할 만큼 깊고도 크다.

나는 내 인생의 그 시기에, 신영철 같은 친구를 만났다는 사실을 항상 감사히 생각한다. 그리고 그 친구와 그러한 얘기를 나눠 본 적이 언제인가, 생각하며 그리워하고 있다.

황혼이 지는 저녁, 산속의 내 집에서 나는 신영철과 한국이 있는 쪽을 바라보고 있다. 나는 한국과 수천 마일 떨어진 곳에서, 다른 언어와 다른 문화와 다른 사람들과 다른 세계 속에서 살고 있다. 그러나 그러한 것들이 우리 둘의 우정을 갈라 놓을 수는 없다. 왜냐하면 지나온 그 시절 우리의 우정은 기억과 삶 속에서 영원히 남아 있을 것이기 때문이다.

〈법조인 · 재미사업가〉

** 제 고등학교 동기들 중, 그 해 고려대에 입학한 친구들입니다. 뒷줄 가운데에 흰 셔츠를 입은 청년이 백순영입니다. 멋진 친구지요!

감사의 댓글

제가 고등학교 2학년 초에 전학 와서 외롭게 지낼 때, 맨 처음 말을 걸어 주고 호의를 베풀어 준 첫 번째 친구였습니다. 그 역시 저와 비슷한 시기에 군산에서 서울로 이사 온 풋내기로서 함께 외로움에 빠져 있던 탓인지, 둘은 그 대화를 계기로 급격히 모든 것을 다 털어놓고 매일 틈만 나면 달라붙어 떨어질 줄 모르는 사이가 되었습니다. 뭘 그리 할 얘기가 많았던지요.

그가 고려대 법대에 합격하고 그 길로 가는 바람에 차츰 멀어졌지만 그래도 우정만은 영원히 변치 않을 것을 다짐하고 열심히 만났습니다. 그러다가 그가 제대 후 미군 관계 일을 하게 된 것이 계기가 되어 미국으로 이민을 가는 바람에 멀어지기 시작했습니다. 한 번 처자식들을 데리고 한국에 나왔을 때 호텔에서 반갑게 만나 회포를 푼 적이 있습니다만, 그것으로 그치고 다시 소식 없이 오랜 세월이 그냥 흘러갔습니다.

그렇게 서로 떨어져선 전혀 못 살 것 같았던 그 친구를 보지 못하고 지낸 지 이미 40여 년 세월이 흘렀습니다. 세월이란 그런 모든 추억 같은 것들을 갑자기 휩쓸어 지나가는 망각의 바람 같은 것이라고 봅니다.

옛 우정을 생각하면 언제나 맨 먼저 떠오르는 친구지만, 그 거리는 여전히 메우지 못하는 아련한 사이입니다. 지금도 그리운 그 시절 우정입니다.

만 남

김흥중 金興中

신영철 학형과의 만남은 1960년대 초로 거슬러 올라간다.

참으로 먼 옛날이다.

당시는 군사혁명 성공 후 국가 재건에 온 나라가 힘을 쏟던 때였다. 수출 1억 불 달성이 국가적 목표였다. 남대문 근처 1억 불 달성 선전탑이 지금도 눈에 선하다.

신 형과의 만남은 나의 절친한 친구를 통해서였다.

나는 항도 군산에서 중 · 고등학교를 마쳤고, 내 친구는 고등학교 2학년 때 서울 숭문고로 전학해 신 형과 가장 가까운 사이가 된 걸로 알고 있다.

직접적 만남의 계기는 친구를 통했지만 서울대 문리대는 우리의 만남을 구체화시키는 커다란 배경이었다. 그 광장이 아니었더라면 만남은 그것 자체로 끝나 버렸을 것이다.

꽤 높은 도수의 안경, 그 너머 약간 가느다란 눈매, 그리고 엄청나게 순진스러운 미소(disarming smile). 그야말로 이런 것이 신 형의 첫인상이었고, 그 이후 오랜 세월을 겪어 보니 첫인상은 정확했다.

그는 유달리 담배를 즐기는 편이었다.

담배를 피우는 것이 아니라 빨아 대는, 아니 삼켜 버리는 스타일이었다. 한 번 빨았다 하면 연기가 나오지 않고 몇 초 지난 후에 실낱 같은 게 조금씩 입에서 새어 나오니 삼켜 버리지 않는 한 있을 수 없는 현상이다.

매우 온화한 눈매와는 달리 신 형은 일면 불 같은 성격이 태생적으로 각인된 듯싶다.

4·19 학생혁명 때는 시민 데모 선봉에 서서 종로 거리를 누볐다. 무등을 타고 데모 선발대로 앞장서 열변을 토했는데, 나중에 알고 보니 옷도 망가지고 신발도 언제 없어졌는지 맨발로 집에 왔다고 한다.

그 피 끓는 기질은 어디에서 왔는가.

작고한 그의 부친을 빼 놓고는 달리 설명할 수 없다. 철원 김화 지구에서 국회의원을 지낸 신기복 어르신이 바로 그 분이다. 당시엔 막걸리 선거가 판을 쳤고 돈 없이는 국회의원 되기가 매우 힘들었다. 그런데 그 분은 거의 무일푼으로 달변과 '선동'을 밑천으로 당선됐다. 호랑이 담배 먹던 시절이 연상되는 전설적인 일로 와 닿는다.

1963년으로 기억되는데, 참으로 우연한 기회에 당시 청량리에 있는 신 형의 한옥으로 놀러 간 일이 있다. 그때 신 형의 모친을 처음 뵈었다. 세상에 이런 인자한 분이 있나 싶도록 강렬한 인상을 받았고, 이런 모친을 둔 신 형이 참으로 부러웠다. 신 형의 피 끓는 성격과 극명하게 상충되는 인자한 모습은 모친의 투영임에 틀림없다.

이런 상충되는 기질이 평생을 두고 갈등의 원천으로 작용하는 경우도 가능한데 신 형은 다행히 슬기롭게 조화시켜 오늘에 이른 것 같다. 다방면으로 재주가 있으나, 먹고 노는 데는 별로 소질이 없어 보였다. 당시 놀 줄 아는 부류는 당구장 출입을 밥 먹듯 했고, 나도 가끔 기웃거렸으나 신 형의 경우는 물이 전혀 달랐다고 볼 수 있다.

그는 무언가 신명나는 일을 찾아 헤맨 듯싶다.

언젠가는 「동아일보」 신춘문예 소설 부문에 응모했으나 막판에 가서 재미를 못 본 것 같다.

그 얘기를 하면서 연신 담배를 삼켜 대던 일이 엊그제 같다. 장난 삼아 응모했다는 그런 투였다. 응모 작품을 불과 일주일에 완성했다니 도저히 믿기지 않는 얘기였다. 신들리지 않고는 그게 가능할까? 이렇게 갈겨 쓴 작품이 최종 심판까지 주목을 받았다니 한 번의 실패로 찬물 마시고 단념할 수는 없는 노릇이었으리라. 그 후 몇 차례나 신들리는 작업을 했는지는 알 수 없다. 다만 나는 첫 번째 실패(?), 아니 운이 없었을 때 단념하라고 말리고 싶었다. 고생문이 훤하기 때문이었다.

신 형은 엘리트 의식이 상당히 강한 걸로 알고 있다.

한때는 등록금 대기도 어려운 상황이었지만 돈 있는 집안 자식들과는 일정 거리를 두고 지냈으며, 머리가 텅텅 빈 사람들과는 아예 상종을 안했다.

우리는 대폿집 단골은 아니었으나 주모가 반기는 정도는 되었다.

명륜동 성균관 대학으로 들어가는 초입의 구멍가게 대폿집. 그 독한 막걸리를 얼마나 퍼 마셨는지, 몇몇이 어울리면 그중 한 두

명은 으레 젓가락을 두드리며 유행가를 뽑아 대었으나 신 형이 유행가를 부르는 일은 한 번도 없었다.

서울대 상대 경제학과생 고두모(전 대상그룹 CEO)도 대폿집 비정규 멤버였고, 우리는 오늘날까지도 끈끈한 인연을 유지하고 있다.

"그의 재능을 인정해야 해."

최근에 만난 고두모의 신 형에 대한 평이자 더 열심히 일해야 한다는 당부였다.

신 형은 능률협회에서 잔뼈가 굵었고, 지금쯤 은퇴를 고려할 법도 하지만 그러기에는 재능이 아깝다. 그간 엄청난 일을 했으나 아직도 갈 길이 먼 것 같다. 최후까지 신들려 신명나게 살아야 할 팔자이기 때문이다. 이렇게 단정적으로 얘기하는 것도 친구의 특권이 아닌가!

* * 사진의 왼쪽에 있는 멋진 청년이 김흥중입니다. 가운데가 대상그룹 회장을 역임한 고두모.

'내일 지구가 멸망한다 해도 나는 오늘 사과나무를 심겠다.' 독일 철학자 하이데거의 명언. 신형이 즐겨 인용한 명구 아닌가!

신 형! 사과나무를 더 심어야 하오.

자신을 위해서, 그리고 몇 세대를 이어 갈 신 형의 후배를 위해서, 건강하시오.

〈전 연합통신사 해외부 부국장〉

감사의 댓글

이 친구는 백순영 군의 친구로서 소개를 받아 알게 되었습니다. 원래는 군산에서 학교를 나온 후 육사에 진학하여 화랑대를 누비던 청년 생도였습니다. 그런데 럭비 시합 도중 부상으로 청각을 잃고 퇴교하여 실의에 빠져 있다가 다시 뜻을 세워 서울대 문리대 심리학과에 들어온 의지의 사나이였습니다.

그 후 저와 친교를 굳힌 그는 그야말로 '의리의 사나이' 로 돌변했습니다. 저를 돕는 일이라면 자기 하나의 희생 정도는 아무 것도 아니었습니다. 저를 이끌어 「비지네스」 사에 들어가도록 이끌어 준 것도 바로 이 친구였지요. 그 후 40년, 지금도 회상하면 그 동안 깊은 은혜와 헌신적인 도움에 아무런 보답도 하지 못하고 이제까지 까맣게 잊고 살아온 제가 면목이 없을 뿐입니다.

한길 40년

권호연 權豪淵

신영철의 『한길 40년』은 지난 반세기 동안 한국의 기업이 어떻게 발전해 왔는가를 잘 보여줄 것이다.

신영철은 한국 사회가 급속히 산업화되고 한국 기업들이 세계적인 회사로 발전해 가는 과정의 중심에 서서 한국 기업들의 경영 합리화, 기업 생산능률 향상에 중추적 역할을 해 왔다. 한국능률협회는 놀라운 일을 많이 해 왔으며, 신영철은 한국의 경제·정치·학술 등 각계각층의 중요한 사람들과 많은 교류를 통해 한국 기업의 발전에 크게 공헌했다.

나와의 만남은 사사로운 학우 관계이지만 그의 초창기(학문) 모습을 살펴봄으로서 오늘의 신영철을 더 잘 알게 하고 싶다.

신영철이 60년대 초 「비지네스」 잡지사 기자 시절 집필, 출간한 『상혼』을 생각한다. 이 책은 한국의 개성 상인, 유대인 상인, 중국 화교(해외 거주 중국인)의 상인을 비교 연구한 걸작이다. 이 책은 광범위한 자료와 예리한 분석, 화려하고 적절한 언어로 많은 사람들이 상혼을 재음미하는 계기를 마련했다.

2005년 본인이 한국학연구소에서 'Spirit of Korea' 란 주제로 학술대회를 할 때 신영철의 『상혼』을 생각했다. 그 후 주립대학교 재정학 교수와 『상혼』에 대해 토의를 했고, 그 분은 결국 '한국 기업의 정신' 이란 주제로 논문을 썼다.

그 외에 '최명희 『혼불』을 통해 본 한국의 얼' · '「서편제」(영화)에 나타난 한국의 얼' 등으로 12편의 논문이 발표되었다. 나에게 신영철의 『상혼』은 영원히 학문적, 정신적 등불이 된 셈이다.

신영철은 최고경영자(CEO) 세미나를 구상하여 국가 경영 · 기업 경영 · 가정 경영 · 인격 경영을 한 틀로 보는 안목을 우리에게 제시하였으며, 경영이야말로 평등하게 우리가 다 참여하고 행동하는 것이라는 철학을 주었다.

신영철과 나는 서울 마포의 명문사립 숭문고등학교 동기 동창이다. 숭문고 교정에는 '족패천하' 라는 기념비가 있다. 1945년 보스턴 마라톤 대회에서 최고 기록을 세운 서윤복 선수의 기념비이다. 작고하신 서기원 교장 선생은 참으로 훌륭한 교육자셨는데, 당시 기념비 제막식에서 이렇게 말했다.

"나는 이 교정에 다섯 개의 기념비를 세우고 싶다. 족패천하에 이어 이 세상에 뚜렷한 철학자가 나와 세계를 제패하면 '흉패천하' 라 할 것이요, 세계적인 공학자가 나오면 '수패천하' 라 할 것이요, 머리가 좋은 학자가 나오면 '두패천하' 라 하겠다."

아쉽게도 한 가지는 기억이 나지 않지만, 나는 생각한다. 신영철이 '흉패천하' 에 해당되지 않을까? 내 생각으론 그렇다. 사사로운 많은 이들이 있지만 신영철은 성공한 사람이고, 존경받을 만한 사람이고, 나는 신영철을 존경하고 부러워한다.

나와의 사사로운 우정도 같을 것으로 믿는다. 왜냐하면 나는 항상 신영철을 좋아하기 때문이다.

〈사회학 박사 · 재미사업가〉

＊＊ 서울대 사회학과로 진학했던 고등학교 동기 동창. 이 친구는 오래 전 미국에 가서 살고있습니다.

감사의 댓글

같은 고등학교 출신에 서울대 사회학과 동기로 들어왔던 이 친구는 전혀 사교성이 없던 저에게 두 번째 우정의 친구가 되어 주었습니다. 그는 성격상 아무 데서나 잘 견디고 누구하고도 두루 친하게 지낼 만큼 사교성이 좋았습니다. 일찍이 무전여행을 감행했고, 친구 일이라면 물불을 안 가리고 돕고 나서는 '의리의 돌쇠' 이기도 했습니다. 제가 대학에 입학해서 등록금이 없어 휴학을 하고 대책이 없어서 망연해 있을 때 손수 모금활동을 시작해 주었고, 심지어 모교 교장 선생님에게까지 찾아가 읍소해서 성과를 올린 친구이기도 합니다.

그가 미국으로 떠난 지도 수십 년이 되었습니다. 늘 그립지만, '우정과 거리는 반비례한다'는 진리가 우리 사이를 가로막고 있는 것 같습니다.

사진도 가진 것이 없어 할 수 없이 고교 동창회 명부에서 옮겨 실었습니다. 더욱 그립군요.

존경하는 신영철 부회장님

서연호 徐連鎬

형과 만나 지내 온 지 벌써 50년이 넘어 우리는 고희가 되었고, 한 직장에서 형은 성격대로 성실하고 온건하고 정확하게 온몸과 마음을 바쳐 40년이 되었습니다.

세월은 흘러 모든 것이 변하였지만 눈감으면 지금도 형의 조용히 웃는 얼굴과 따뜻한 모습이 눈에 선하게 보입니다. 고등학교 시절 후련하게 큰 체구에 늘 웃는 얼굴을 하고 돋보기 안경을 썼던 형은 다정 온순한 인상으로 말이 없었으나 이야기해 보면 침착하고 정연하게 대화를 하였습니다. 책만 보고 질문도 없이 혼자 공부하는데도 시험만 보면 늘 좋은 점수를 얻으니 친구들이 어떻게 공부하기에 늘 우등이냐고 이상해 하였습니다. 몇 백 명 중 5등 안팎이었으니 한편으로는 놀림도 받았지만, 공부하는 방법을 물어 보면 "교과서와 참고서만 읽어 보면 돼" 하고 웃어 버리는 친구였습니다.

본인이 알고 있는 신영철 부회장님은 강원도 김화 농가에 고향을 두고 있으며 7남매가 모두 똑똑하였습니다. 서울로 이사한 부모님들은 아이들에 대한 희망으로 온갖 뒷바라지에 열성이 지극하셨습니다. 신 부회장님은 부모를 도우려 처음엔 농업고등학교를 다녔으나 부모의 권고로 중퇴하고, 인문고등학교에 와서 꿈꾸던 대로 문학과 사회 등을 공부하는 길을 택하였습니다. 한석봉과 맹자의 어머니같이 어머님의 열성과 채찍이 큰 힘이 되었습니다.

지난 6 · 25 전쟁 후 우리는 아침 일찍 일어나 전차를 타거나 걸어서 고등학교와 대학에 다녔습니다. 지금 생각해 보면 그 당시 사회가 학생들을 도와주었기 때문에 그런 대로 지낼 수 있었습니다. 우리 모두는 교복만 입고 다녀서 모습이 남루하기 짝이 없었습니다. 그래도 신념과 꿈은 잃지 않아서 그 어려운 문학과 철학을 계속 공부했습니다.

신 부회장은 주변 환경이 바뀌어도 어릴 때 그 모습과 마음은 변하지 않았습니다. 많은 책을 사고, 읽고, 쌓아 두는 나쁜 행실도 여전하구요. 요즈음도 친구들과 만나면 웃고 식사하다가 남몰래 자리를 비웁니다. 그러면 친구들이 그 사람 독서하러 갔다고 우스갯소리를 합니다.

우리는 같은 고등학교를 졸업하고 같은 대학에 입학하였습니다. 신 부회장이 서울대 문리대 철학과에 입학했기에 대학 교정에서 만난 친구들이 '신소크라테스'라고 놀리면 그냥 빙그레 웃기만 했지요. 같은 고등학교를 졸업하고 같은 대학에 다니는 친구들은 여름방학이면 설악산 · 인제 · 단양 등을 등산하고, 좋았던 일 나빴던 일을 자랑 삼아 이야기했습니다. 공기도 좋고 시야도 넓어지고 꿈과 포부도 커지고, 산 정상에 올라 호연지기를 키우며 소리를 질러 보면 기분이 상쾌하다고 자랑했습니다. 그러면 신 부회장은 "그것도 좋지만 볼 책들이 많아서 나는 공기도 나쁘고 좁은 집과 도서관에서 독서나 했지"라고 대답합니다. 이렇게 그는 모든 면에서 긍정적으로 생각하며 자신을 위로하였습니다.

언젠가는 문리대 철학 강의를 듣고 싶으니 좋은 강의를 알려달라고 하니까 박종홍 교수와 조가경 교수의 강의를 들으라고 권해주었습니다. 수강신청을 하고 보니 제목이 '부정의 부정이다' 라는 강의인데 이해를 못하겠어서 '파우스트' 라는 강의를 듣다가 다시 취소하고, 나중에는 『참회록』을 빌려 달라고 하였습니다.

대학 다닐 때 신영철 부회장을 만나려면 언제나 고시생들이 공부하는 대도서관 옆 작은 도서관에 가야 했습니다. 그는 늘 늦게까지 공부했고 많은 독서로 해박한 지식을 가지고 있었으며 학문 자체를 연구하며 집념에 찬 모습이었습니다. 신 형의 자택은 돈암동이고 나는 동숭동이라, "비슷하게 걸어 다니는 거리인데도 나는 늦게까지 독서를 못하겠어" 하면 "습관이 들어야 돼" 하고 웃고 맙니다.

내가 물리학과에 입학한 그 해에 서울대 문리대에 친동생이 입학했는데, 나는 그것도 모르고 사회학과에 신동철이라는 친구가 입학하여 왔는데 너를 잘 안다고 하였더니 그냥 빙그레 웃고만 말았습니다. 또 친구들이 "너도 동생처럼 사회학과에 다니면 정치 · 철학 · 사회 · 행정 · 경영에 대해 독서한 것도 다 필요하고 요긴하게 상용할 텐데"라고 말하면 "독서는 끝도 없어. 중국 속담에도 백 리 걸으면 책 백 권을 읽는 것이거든" 하고 대답합니다.

신영철 부회장님.

그 언제인가 본인이 유학 후 69년 귀국하여 초창기 마포 어느 곳인가의 능률협회에 찾아간 적이 있지요? 능력개발이 사회의 직종 모든 분야마다 필요해질 시기가 올 터인데, 라고 말하면서요. 그 말에도 그저 "옳은 말이지" 하고 웃고 맙니다. 신 형은 현실 세계에서 새로운 발견과 미지의 영역에 대한 Renew와 New idea를 찾기 위한 집념만 가지고 계셨습니다.

옛날 근무하는 방에 많은 책 속에 묻혀 있던 모습은 대학 시절 도서관의 좁은 공간에 앉아 있는 모습과 같아 보였습니다.

전공 분야 공부에 온 체력과 정신력으로 진력하여 바친 신영철 부회장님의 건강은 삼성병원에 입원하고 계실 때 그 결과가 나타난 것 같습니다. 그때 마음속으로는 고등학교 시절과 대학 시절에 내가 왜 신영철 형을 이끌고 노래도 하고 등산도 하고, 신선한 시골 산야로 끌고 다니지 않았는가 후회도 하였습니다. 이제 와 보니 화려한 직위나 부귀영화를 마다하고 전문 연구를 위하여 살아오신 일생은 능률협회의 고귀한 표상이 되었습니다. 따뜻한 열성과 정성스런 노고에 대한 그 어떤 보답을 바라기보다는 그저 슬며시 웃으며 그 속에서 즐거움과 기쁨을 찾는 것으로 대신해 오신 값진 인생이었습니다. 슬플 땐 울고 즐거울 땐 웃는 것인데 웃는 모습만 있으니 그저 일방통행의 생활 신조입니다.

그 동안 사모님도 늘 웃는 모습으로 취미도 없는 신 형을 위하여 일평생을 내조하여 주신 노고에 감사와 존경을 드리며, 앞으로 온 가족 더욱더 건강하고 평안하시기를 빕니다.

〈학교법인 동방문화학원 이사장 · 전 숭문고등학교 교장〉

＊＊ 서울대 문리대 교정에서. 정말로 새파란 시절의 모습입니다 (오른쪽이 서연호).

감사의 댓글

고등학교를 같이 나와 서울대 문리대 물리학과를 같이 다닌 동기생입니다. 고교 교장 선생님의 대를 이어 학교를 맡아 발전시키는 동안 우리의 우정도 함께 발전해 왔습니다. 그 사이 저는 2대에 걸쳐 물심양면으로 엄청난 신세를 지며 사회에 나서게 되었습니다.

대학 졸업 후 독일에 가서 박사 학위를 받아 오는 등 스스로 갈 길을 개척해 온 그는 선친께서 뜻밖에 타계하시자 원치 않던 학교 살림을 물려받았습니다. 그럼에도 본인의 의지로 아버님의 대를 이어 우리나라 사학으로서는 흔치 않은 큰 발전을 이룩했고, 얼마 전 스스로 용퇴하여 후진에게 대를 물리는 동안 단 한 번도 쉬임 없이 교육계의 큰 별로서 대업을 이루었습니다. 서연호, 그는 그런 친구입니다.

죽마고우

김준열 金浚烈

죽마고우란 '어렸을 때 함께 다정히 놀다가 이제 손자, 손녀를 보게 된 나이에 이를 때까지 한평생 동안 친하게 지내는 친구'를 말한다고 한다. 정말 그런 의미라면 신영철 부회장과 나는 동문수학한 죽마고우임에 틀림이 없다.

우리는 1957년 고등학교를 졸업할 때까지 같은 반에서 까까머리에 검은색 학생복을 입고 함께 뒹굴던 동기생이다. 6·25로 인한 3년간의 전쟁, 그로 인한 피난과 다시 1·4후퇴 피난 등으로 대부분 학생들이 학년을 유급한 상태에서 만났기 때문에 고교 3학년 때에는 무척 열심히들 공부하였다. 당시 숭문고교에는 중등 교육계에서 유명하시던 서기원 교장 선생님을 비롯하여 최고의 교사진이 구성되어 있었는데, 이제 생각해 보니 교장 선생님이 20여 세 연상, 선생님들이 10여 세 연상이셨다. 그러니 그 분들이 젊은 혈기로 열심히 가르치셨음에 틀림없다.

고등학교 3학년 여름방학을 끝내고 등교했을 때, 교장 선생님이 반에 들어오셔서(당시 공민을 가르치셨다) 우리 둘의 몸을 살펴보더니 "너희들 방학을 잘못 보냈구나. 구릿빛 몸을 보면 얼마나 좋겠느냐"고 말씀하셨다. 그것은 비단 신 군과 나뿐만이 아니었다. 우리 모두가 방학 동안 쉬지 못하고 거의 매일 학교 교실로 나와서 공부만 하였기 때문에 온몸이 수척하고 얼굴이 하얀 상태였고, 간디 모습의 신 군은 더욱 그러하였다.

그 후 나는 대학을 마친 후 3년간의 군 법무관과 법관 20년, 변호사 20년, 도합 40년간 법조계 생활을 하고 있고 신 군은 한국능률협회에 근무하기 시작하여 이제 40년을 맞게 되었다.

이제 나이 70세에 인생을 회고하고 정리할 단계에서 내가 신 부회장에 대하여 느끼고 있는 몇 가지 부러운 점을 생각해 본다.

첫째로, 신 부회장이 좋은 책을 많이 읽었고, 좋은 책을 너무 많이 갖고 있다는 점이다. 적재천만 무과독서(積載千萬 無過讀書; 천만금의 재산을 모은다 해도 독서의 즐거움보다 더할 수 없다)라는 말도 있고, 가난한 사람은 책으로 부자가 되고 부자는 책으로 존귀하게 된다는 말이 있다. 평생 동안 재판 기록과 싸우고 교양서적을 좋아하는 나는 누구보다도 많은 책을 사 보고 있다. 그러나 신 부회장의 사무실에 가 보고 탐날 정도의 그 많은 책을 모두 읽었다는 말에 부럽지 않을 수 없었다.

둘째로, 신 부회장이 좋은 서적을 많이 출간하였다는 점이다.

호랑이는 죽어서 가죽을 남기고 사람은 이름을 남긴다는 말이 있는데, 신 부회장은 훌륭한 서적을 많이 창작 출간하였다. 나는 법관생활 재판 기록과 법학 서적을 읽고 재판 문서를 작성하는 등의 일을 매일 대여섯 시간씩 40여 년간 지속해 오고 있으나 나의 작업 문서는 수천 건, 수만 건의 재판 기록에 편철되어 있을 뿐 서적으로 빛을 못 보고 있기 때문이다.

셋째로, 신 부회장이 한국능률협회를 현재와 같은 대단한 규모의, 대한민국에서 그 누구든 알 수 있는 경제 · 경영 연구단체로 키운 것이 너무 부럽다. 누구도 따를 수 없는 성실성과 근면성으로 그는 현재와 같은 성과를 이룬 것이다.

넷째로, 신 부회장이 '자랑스러운 숭문인상' 을 수상하였다는 점이다.

금년 5월에 개교 1백 주년을 맞이한 숭문중 · 고교에서는 3만여 명의 동문 중에서 국가와 사회에 뚜렷한 업적을 남긴 동문을 매년 1명씩 선발하여 20여 년간 숭문인상을 시상하고 있다. 류충렬(벽성대, 광성중 · 고교 설립자), 민병권(전 교통부 장관), 서윤복(보스턴 마라톤 우승자), 이근영(유신전자 회장), 이찬혁(11대, 12대 국회의원), 김승호(보령제약 회장), 장영수(대우건설 회장), 장준봉(경향신문 사장), 강진경(연세부총장 겸 의료원장) 등등에 이어 신 부회장이 수상하였음에 축하와 부러움을 느끼는 것이다.

다섯째, 신 부회장이 뒤늦게 서양화의 대가가 되었다는 점이다.

나도 10여 년 전부터 사진에 몰두하여 20여 회의 사진 공모전에 입상, 입선한 후 한국사진작가협회 회원이 되었지만 신 부회장의 서양화 실력에는 미치지 못하고 있다.

나는 신 부회장에게 위와 같이 부러움을 느끼는 반면에 그를 자주 만나면서 섭섭한 점을 말하기도 한다.

우리는 인생이 다할 때까지 술 석 잔을 마실 정도의 건강을 가지고 있어야만 한다. 정다운 친구를 만난다면 생활의 고단함, 분노, 권태, 외로움 등을 잊고 또한 기쁨을 함께 나누고자 술 석 잔은 같이 나눠야 하는데 그가 한국능률협회라는 애인에게 기운을 모두 뺏겨서 나와 대작을 못한다는 것에 섭섭하고 안타까움을 느끼면서, 신 부회장에게 이제 40여 년간의 애인을 너무 사랑하지 말고 건강에 힘쓰라고 말하곤 한다.

요즈음 9, 9, 8, 8, 2, 3, 4라는 용어가 유행인데 신 형이 99세 넘어서까지 건강하게 지내면서 더욱 나의 부러움을 받는 입장이 되길 바란다.

〈법조인 · 변호사〉

** 저희들의 모교에서 열린 신년 하례회 장면입니다. 왼쪽에 있는 친구가 총동문회 회장을 역임한 김준열입니다.

감사의 댓글

고등학교 때부터 사회인이 되어 오늘에 이르기까지 언제나 친구들 사이에서 적극적으로 앞장서서 이끌어 준, 언제 무슨 일에서든 우리들의 선두를 지켜 온 친구 가운데 한 사람입니다. 품성으로나 실력으로나 모든 면에서 앞서 가는 친구였습니다.

그는 많은 친구들과 함께 고려대 법대로 진학한 후 법관으로 오랜 세월 봉직했고 지금도 변호사로 큰 일들을 맡아 하고 있습니다만, 그런 티를 전혀 내지 않습니다.

친구들 사이에서는 그냥 친구로만 일관해 온, 그래서 누구에게나 호감을 주는 인품의 사람입니다. 친구들 일이라면 좋은 일이든 궂은일이든 간에 언제나 나서서 돕는 그런 친구였습니다. 그런 성품 때문인지 요즘은 늦게 입문한 사진 분야에서도 이미 대가의 경지에 들어서 있습니다.

모교 동문 선후배 사이에서 이 친구를 알아보지 못하는 이가 거의 없을 정도로 마당발이기도 합니다. 독서를 아주 좋아하며 그 안목도 아주 뛰어나서, 이 책의 구상도 이 친구의 적극적인 제안으로 이루어진 것입니다.

최근까지 고교 총동문회의 회장을 맡아 이끌었고 그 덕에 제가 '자랑스러운 숭문인상'을 받게도 되었습니다. 세상엔 참으로 많은 친구들이 있겠습니다만, 제가 언제나 믿고 따르는 좋은 친구의 한 사람입니다. 그 관계가 다른 어떤 관계보다도 오래 지속될 것으로 믿고 있습니다.

만 남

이교선 李敎善

너무나 대조적인 인생 항로를 걸어온 우리가 처음 만난 것은 1957년 봄, 동숭동 문리대 캠퍼스에서였다. 49년 전이었다. 두툼한 안경 너머 유난히도 눈이 반짝이던 철학도 신영철 군을 좋아했던 것은 아마 네잎클로버에서도 무언가를 찾던 그 순수함과 열정 때문이었던 것 같다.

대학 졸업 후 군 생활을 마치고 「중앙일보」 동양방송 수습기자로 동분서주하던 1966년 어느 날, 다시 만난 신군은 KMA 「현대경영」의 편집장으로 의욕을 불사르고 있었다.

그 후 10여 년이 흘러 필자가 외환은행을 떠나 개인기업에 있을 때, 길거리에서 만난 신 편집장은 피로하고 초췌한 모습이었다. KMA가 경영난에 봉착, 난파 직전이라 위아래 직원들이 모두 떠나 빈 사무실을 지키며 고군분투중이라고 했다. 같이 일하자는 회사도 있지만 본인은 끝까지 KMA를 살피겠다는 것이다. 더 두터워진 렌즈 뒤의 눈동자는 여전히 빛났고, 믿음과 열정을 가지고 최선을 다하면 반드시 성공할 거라는 자신감에 압도되어 속물스런 충고를 못한 것이 얼마나 다행인지 모른다. 더군다나 KMA와 「현대경영」의 '키워드'가 Management인데 경영난으로 도산하는 모습을 보고 떠난다는 것은 편집책임자의 자존심이 용납할 수 없다는 말이었다.

몇 년이 흘러 1985년인가, 필자가 독일계 Dresdner Bank로 자리를 옮긴 뒤 만난 그는 이미 KMA 전무이사에 KMAC의 대표였다. 넓은 첨단 사무실에 고급 두뇌들로 둘러싸인 신 사장을 보고 그 사이 그가 성취한 것이 무엇인지 직감할 수 있었다. 그 사이 섭렵했다는 경영 관련 전문서적들과 본인이 번역 또는 집필한 많은 책들을 보고 신 사장의 야망과 열정을 읽을 수 있었다.

KMA 근속 30년 기념문집을 발간한 것이 엊그제 같은데, 신 사장은 부회장이 되어 『한길 40년』 기념문집을 준비중이란다.

＊＊ 사진 왼쪽이 이교선입니다. 제가 『상혼』이라는 책을 써서 출판기념회를 할 때 (오른쪽 친구도 같은 동기생입니다).

말로야 쉽지만 한 우물 40년은 아무나 하는 게 아니다. 그것도 풍랑을 만나 난파했던 조직체를 살린 한길 40년은 더욱 그렇다. 꿈과 긍정적 '이미지'에 열정이 있으면 반드시 이루어진다는 옵티미즘(Optimism), 그리고 산 넘어 무지개 있는 곳으로 행복 찾아 방황하지 않는 지혜를 생이지지(生而知之)한 선각자였기에 모두가 가능했던 것 같다.

『신 회장 한길 반세기』 문집을 볼 때까지 서로 건강에 유념합시다.

〈전 드레스드너 방크 총지배인〉

감사의 댓글

대학 입학 때 우리 과에 1등으로 들어왔다고 해서 우리들의 배를 앓게 했던 친구. 그는 재치 있고 빛나고 논리에도 뛰어난 다방면의 천재였습니다.

그러나 대전 근방의 가난한 집안에서 둘째로 태어난 탓에 4년 동안 혼자 서울에서 밥 벌어먹으며 학비나 잡비 등 온갖 것을 혼자 꾸려대느라고 책 한 권 변변히 사 보지 못한 그는 더 이상 큰 꿈을 이루지 못했습니다.

졸업 후에는 장교로 공군에서 복무했고, 방송국의 PD로, 신문사 기자로, 외환은행 행원으로, 남들이 어렵다고 혀를 내두르는 곳에는 두루 다 합격해서 실력을 뽐내기도 했고, 독일계 은행인 드레스드너 방크의 한국 총지배인으로도 오래 일했습니다.

요즘은 잘 둔 아들 딸 덕분에 미국에서 오랫동안 외유를 하고 있습니다만, 그것으로 그칠 친구는 아니라고 봅니다. 그 좋은 머리를 밑천 삼아 그 동안 못다 한 큰 일을 해낼 것으로 믿습니다.

향기로운 삶

유경재 兪暻在

성경에 보면 '우리는 하느님께 바치는 그리스도의 향기' 라는 말씀이 나온다. 특히 '구원받을 사람에게는 감미로운 생명의 향기가 된다' 고 하였다. 그리스도를 믿는 사람들은 '감미로운 생명의 향기' 를 풍기는 사람이 되어야 한다는 뜻이다. 진정으로 그리스도를 사랑하고 그를 본받아 살고자 하는 사람에게서는 그리스도께서 보여준 아름다운 삶의 모습이 그대로 드러나, 만나는 사람에게 '감미로운 생명의 향기' 가 된다는 뜻이다. 나는 신영철 부회장의 삶에서 바로 이런 '감미로운 생명의 향기' 를 맡는다.

신영철 부회장은 대학 동기이다. 대학 졸업 후 각자 삶의 길이 다르다 보니 자주 만날 기회가 없어 그렇게 가깝게 지내지는 못하였다. 특히 나는 목사가 되었기에 철학과 다른 동기들을 자주 만날 기회가 없었다. 그러던 어느 날 그에게서 연락이 왔다. 아마도 1970년대 초반이었던 것 같다. 성취동기 훈련에 참가해 보지 않겠느냐는 것이었다. 한국능률협회가 회사 간부들을 훈련시키는 프로그램인데 목사인 나에게도 참여할 기회를 주겠다는 것이다. 그가 왜 하필 목사인 나를 거기에 참여하도록 권유했는지는 알 수 없었지만, 학교 교목으로 있을 때이고 마침 겨울 방학이기도 하여 참여하기로 했다. 참가자들이 피워 대는 담배 연기가 참기 힘들었지만, 3일간의 훈련 내용은 아주 유익한 것이었다.

그 훈련을 통해 나의 성취동기가 높아졌는지는 모르겠다. 그 후 이제까지의 삶이 별로 적극적이지 못했던 것을 보면 그리 높아진 것 같지는 않다. 그에 반해 한국능률협회에서 40년을 보낸 신 부회장은 그의 높은 성취동기를 따라 자신의 삶을 대단히 긍정적인 삶으로 발전시켜 왔다. 그가 한국능률협회 부회장이라는 자리에까지 오른 것은 오히려 작은 일이라고 생각한다. 높은 성취동기가 사회적으로 분출되어 이룬 어떤 성과보다는 자신의 인간됨을 높은 단계로 끌어올릴 수 있었다는 데서 더욱 놀라운 성취를 볼 수 있다.

사실 성취동기에는 양면이 있다. 도둑이 성취동기가 높으면 대도가 되어 사회에 악영향을 끼칠 것이다. 우리의 역사는 부정적인 성취동기가 높은 정치가들이나 기업인들 때문에 많은 시련을 겪어 왔고, 현재도 개발이라는 이름으로 자연이 수없이 파괴되고 있다. 한국 교회도 그런 영향을 받아 교회 성장에 몰두하여 온 결과 교회 수가 증가되고 대형 교회가 많아지기는 했지만 성장한 만큼 사회적 영향력을 증대시키지 못했다. 성취동기가 외적 성장 쪽으로만 작용하여 겉보기는 많이 커지고 좋아졌지만 내적 성장에는 영향을 미치지 못한 결과이다.

15, 6년 전 어느 날 신 부회장 내외가 내가 시무하는 안동교회에 출석하였다. 전에 그가 신앙을 가졌다는 이야기를 들어 본 적이 없

는데 교회에 나오게 되었다니 나로서는 반갑고 또 부끄러운 일이었다. 철학과 친구들에게는 예수를 믿으라고 전도해 봐야 잘 먹히지 않을 것이라고 지레짐작하고 전도조차 하지 않았기에 부끄러울 수밖에 없었다. 또 하나 놀라운 일은 교회를 나가도 하필 대학 동기가 목회하는 교회에 나오겠다는 얘기였다. 대학 친구들이니 만나면 서로 흉허물 없이 터놓고 이야기하는데, 목사와 교인으로 만나서 서로 말을 놓고 너니 네니 하면 무언가 서먹한 느낌이 드는 것이 사실이다. 그런 불편함을 생각해서라도 다른 교회를 택할 수 있었을 텐데, 그는 굳이 안동교회를 택하여 출석하겠다고 결정하고 나왔다. 그러면서 그 날부터 나에게 존댓말을 쓰기 시작했다. 자연 나도 함께 존댓말을 쓸 수밖에 없었다. 교회에서뿐 아니라 동기들 모임에서까지 변함없이 존댓말을 사용하니 처음에는 무척 어색했다. 그럼에도 그는 한 번 정한 원칙을 그대로 고집하였다. 그 후 그의 내외는 1993년 부활절에 내게 세례를 받았고, 특별한 경우 이외에는 빠지지 않고 교회 예배에 출석하였다.

사실 그가 예수를 믿기 시작한 동기가 무엇인지는 잘 알지 못한다. 안동교회 교인으로 10여 년간 같이 생활했지만 오랜 시간 앉아서 깊은 대화를 나눈 적이 없기에 그의 내면 생활에 대하여 별로 아는 바가 없다. 2004년도에 발간된 그의 저서 『신 사장의 편지』에 보면 '언젠가 읽고 기록해 놓은 노트 속에서' 라는 머리글이 있는데, 거기에 다음과 같은 말이 있다.

'하느님과의 일체감을 확실하게 파악하라. 하느님과의 일체감을 파악할 수 있을 정도로 하느님을 따른다면 그대는 가장 높은 삶을

실현해 가고 있는 자신을 발견하게 될 것이다.'

아마도 이것이 그가 예수를 믿기로 작정한 동기가 아닐까 생각해 본다. 그의 성취동기의 목표가 단순히 사회 속에서 높은 목표를 성취하는 데 머물지 않고 '하느님과의 일체감'을 통하여 '가장 높은 삶을 실현'하고자 하는 영적인 데까지 이르러 있음을 알 수 있다. 그가 삶을 대단히 긍정적으로 보고 적극적으로 목표를 성취해 왔다는 점만으로도 존경받을 만한데, 거기에 머물지 않고 한 걸음 더 나아가 '가장 높은 삶의 실현'을 목표로 하고 있으니 더욱 존경스럽다.

그것의 성취가 이제까지와 달리 인간의 의지나 마음만으로는 안 되고 위로부터의 도움이 절대적으로 필요하다는 사실을 깨달았기에 예수를 믿게 되었을 것이다.

사실 인간의 삶이란 이 땅에서 사는 동안 계속 발전, 성장할 뿐 아니라 죽음 이후에 더욱 아름답게, 그야말로 '하느님과 일체'를 이루는 삶으로 완성되는 것이기에 그의 목표는 올바로 설정되었다고 하겠다. 이런 목표를 향하여 끊임없이 노력하고 실천하는 삶을 살려고 하였기에 그의 삶에서 '감미로운 생명의 향기'가 풍겨 나오는 것이 아닐까? 이런 생명의 향기를 맡을 수 있는 삶의 모습을 그의 글 '감사에 관한 명상'에서 찾아볼 수 있다.

'이 세상에 태어나서 가치 있는 생활을 하고 있다는 자부심에 날마다 행복한 마음으로 살고 있으며, 이러한 작은 행복의 파동이 언제부터인가 다른 많은 분들에게도 전달되고 있는 느낌을 받는다. 주위 모든 분들까지 행복하게 만들어 줄 수 있는 행복의 전도사가 되고 싶었다. 늘 감사하는 마음에서 행복을 발견하면 이 세상에 어렵고 고달픈 일이란 없어지는 것이다. (……) 감사하며 사는 아름다운 생활이 영원히 계속되기를 바라며 오늘도 하루를 감사의 마음으로 매듭짓는다.'

늘 감사하는 마음으로 주변 사람들까지 행복하게 만들어 주고자 노력하는 그의 삶에서 아름답게 완성되어 가는 삶의 모습과 더불어 생명의 향기를 맡게 된다. 그가 풍기는 감미로운 생명의 향기를 통해서 많은 사람들이 행복한 삶을 발견할 수 있기를 기대한다.

〈전 안동교회 목사〉

＊＊ 서울대 졸업을 앞두고 문리대 앞에서 찍은 장면. 전체 24명 동기 중에서 15명만 이 나와 있습니다. 앞줄 맨 왼쪽에 앉은 분이 유경재 목사님이십니다.

감사의 댓글

이 분께서 우리나라 교회 역사의 큰 맥을 잇는 기독교계 집안의 한 분으로 이 세상에 나온 것을 저는 전혀 모르고 있었습니다. 다 같이 철학이라는 놀라운 학문 세계에 들어섰으면서도 그랬지요. 서울대 문리대라는 곳이 완전 자유주의 전당이어서, 그 한가운데서 자신의 소박한 믿음을 솔직하게 내세울 수 있는 분위기는 전혀 아니었던 것 같습니다. 그래도 우리가 그런 소박한 꿈 얘기를 전혀 나누지 않은 것도 아니었습니다.

마지막 졸업을 앞두고 모두 교정 잔디밭에 둘러앉아 마지막 감회를 털어놓을 때도 그런 말씀은 전혀 없던 분이 졸업 후 바로 신학교에 진학하시고, 그 후 경신고의 교목으로 오래 계시다가 안동교회 목사님이라는 교직을 맡으셨다 할 때 저희들은 매우 놀라워했습니다.

저의 딸 둘이 저도 모르는 사이에 유 목사님께서 맡아 하시는 교회에 다닌다는 이야기를 들었을 때는 정말 속으로 놀랐지요. 그런데 그때는 저와 아내도 교회에 나갈 때가 아니었고, 또 애들이 고등학교 3학년과 2학년으로서 한창 입시공부에 열중해야 할 시기였기에 대학입학 때까지는 교회에 가지 말라고 만류했던 일이 있습니다.

그리고 세월이 오래 지나 저와 제 아내가 이 분 밑에 무릎 꿇고 세례를 받고 이 분의 교인이 되어 한길을 가고 있는 것은 이른바 '하나님의 섭리' 라는 이름으로 밖에는 달리 설명할 길이 없을 것 같습니다.

오직 그와 같은 하나님의 섭리에 그저 감사하고 따르고 있을 뿐입니다.

제 2 장

세상에 나서, 사회에서의 첫 만남

참하고 적극적

이동욱 李東旭

1960년대 초반, 잡지사인 월간 「비지네스」 사에서 신영철 씨를 처음 만났다. 40여 년이나 지난 세월이지만 신영철 씨에 대해 몇 가지 떠오르는 기억이 있다. 당시 난 월간 「비지네스」 사 사장이었고 신입사원이었던 신영철 씨는 그곳이 첫 직장이었던 것으로 기억한다.

사장인 내가 신영철 씨를 직접 뽑았다. 고려대 출신의 다른 신입 직원도 함께 채용했는데, 얼마 지나지 않아 그 직원은 KOTRA로 자리를 옮겼다. 아마도 「비지네스」 사는 광고영업도 해야 하는 힘든 상황이어서 그랬던 것 같다. 하지만 신영철 씨는 성실함으로 직장 생활을 잘해 나갔다. 신영철 씨가 입사한 후 3년쯤 지나 「비지네스」 사는 문을 닫았지만 그때까지도 열심히 최선을 다해 일했다.

「비지네스」는 경제 · 경영을 주로 다룬 잡지였다. 첫 직장 상사로서 당시의 그를 되돌아보면 잡지사 기자로서 인터뷰에 매우 강했다. 신영철 씨가 철학을 전공한 것으로 기억하는데 기자로서의 자질을 쌓아 가는 데 큰 도움이 됐던 것 같다. 최근 젊은 경영인들은 경영학만 전공하는 것이 아니라 다양한 공부들을 하고 있다. 정치학 · 사회학 · 역사학 등 인문과학뿐 아니라 이공계 자연과학도 공부들을 한다. 어떤 유수한 재계인은 '장사는 실무를 하면서 배워도 되니까 학교에선 역사학 등을 공부해서 크게 변화하는 것을 읽을 줄 알아야 한다' 고 하면서 자식에게 사학과를 선택시킨 분도 있다. 비슷한 맥락이라고 생각된다.

글솜씨도 뛰어나 기사도 줄곧 잘 썼다. 신영철 씨는 그만큼 경제 · 경영 분야의 기자로서 발전할 수 있는 가능성이 컸다. 비즈니스 분야 기자로서 본인도 큰 희망을 가지고 있었다.

당시를 떠올리면 신영철 씨는 참하고 적극적이었다. 누구보다도 성실한 직원이었던 것으로 기억된다. 성실성이 부족하면 신뢰를 얻지 못한다. 이렇게 돼서는 곤란하다. 성실성은 곧 그 사람의 신뢰성과도 직결된다고 본다. 한마디로 상사 입장에서 신영철 씨는 성실함으로 신뢰가 가는 직원이었다.

무엇보다도 신영철 씨의 인상적인 점은 일을 하는 데 있어서 재주를 부리지 않는다는 점이었다. 늘 의욕이 가득했고 배우려는 자세도 좋았다. 함께 근무하면서 정말 나무랄 데가 전혀 없었던 것으로 기억한다.

그 이후의 만남은 1969년 한국능률협회에서 한국의 경영자상을 제정하면서 신영철 씨가 나에게 심사위원장을 맡아 달라고 해서였다. 초대 심사위원장인 만큼 부담도 됐다. 하지만 한국의 경영자로 선정된 경영자들은 모범적인 분들이었다. 구자경 회장, 김상홍 회장, 이회림 회장 등 훌륭한 분들이 많았다. 말 그대로 바람직한 경영자상(像)을 보여주는 뜻 깊은 시상이라는 생각에서 심사위원장을 맡았다.

이후 내가 「동아일보」 회장직을 물러나던 1983년까지 15년 동안 한국의 경영자상 심사위원장을 맡으면서 신영철 씨와 지속적인 만남의 기회를 가졌다. 신입사원 때부터 그랬지만 신영철 씨는 잔재주를 부리지 않고 정말 성실하게 삶을 살아온 것 같다.

신영철 씨의 또 다른 인상적인 면은 남과 충돌을 안한다는 점이다. 그러한 점은 장점일 수도 있지만 때로 단점일 수도 있다. 최고 책임자라면 듣기 싫은 말도 해야 할 필요가 있는데 어떻게 좋은 말만 할 수 있는가, 라는 말이다. 좋지 않은 말을 상대방이 듣기 싫지 않게 하는 능력도 필요하다.

〈전 동아일보사 회장〉

** 여전히 열정적으로 활동하고 계신 이동욱 회장님.

감사의 댓글

사회에 첫발을 내딛으면서 이동욱 선생님 같은 훌륭한 분을 처음으로 만나뵈올 수 있었던 것은 아무나 세상에서 흔히 바랄 수 없는 커다란 행운이었습니다. 경제나 경영 같은 분야에 대해서는 전혀 알지 못하는 문맹이나 다름없던 저를, 단지 일반 필기시험에 합격했다는 이유만으로 채용하시지는 않았던 것 같습니다.

오히려 철학과를 다녔다는 데에 무게를 더 얹어 주신 것처럼 보였습니다. "철학과를 다녔군? 그래, 뭘 전공했나?" 제가 헤겔을 전공했다고 하니까 끄떡끄떡하시며 더 이상 다른 질문은 전혀 없으셨습니다. 나중에 협회 상근 부회장님께서 어느 자리에서 "왜 그때 저 사람을 뽑으셨습니까?" 하고 여쭙자 "도망갈 것 같지 않아 잡아 두었지요" 하고 웃으며 대답하신 것이 기억납니다.

사실 지금 생각해 보면 그 말씀이 정말 옳으셨음이 입증된 것 같습니다. 제가 아무 데로도 빠져나가지 못하고 적어도 40년을 한길만 걸어왔으니까요.

그때 이래 이 분께서는 제가 있는 협회 일에 적극 도움을 주셨고, 저희 협회가 주관하는 한국의 경영자상 초대 심사위원장님으로서 15년간 큰 수고를 해 주셨습니다. 근자에까지도 매년 「비지네스」 시절의 후배 젊은이들을 불러 모아 점심을 사 주시며 담소도 나누시는 등 아름다운 모습을 보여주셨지요. 언제나 큰 격려가 되어 주셨습니다.

그만큼 정감이 깊으시고 저희들에 대한 사랑도 지극하셨습니다.

아마도 인생에서 이렇게 첫발을 잘 내딛은 것이 오늘의 저를 있게 한 큰 걸음의 시작이 아닌가 생각해 봅니다.

한 우물 인생 40년간의 만남

송기철 宋基澈

나의 지난날 '메모'를 들추어 보니, 한국능률협회에서 발간하려는 월간 「현대경영」의 편집장직을 맡고 입사한 신영철 씨와 처음 '만남'을 한 것은 1966년으로 되어 있다. '한 우물'을 파며 달려온 신영철 부회장이 금년에 입사 40년이 된다고 하니 나와의 만남도 이제 꼭 40년이 되는 셈이다. 말이 40년이지 '10년이면 강산도 변한다'는 말도 있듯이 10년이면 산천이 확 바뀌는 긴 세월이다. 더군다나 '40년'이면 얼마나 많은 변화와 변동이 격심한 긴 세월이었겠나, 하는 생각을 한다. '10년 지기'란 말도 있어서 10년 동안만 알고 지내도 대단한 일인데 신영철 씨와 나와는 '40년 지기'이고 보니 얼마나 굉장한 지기인가, 하는 생각을 새삼 하게 된다.

우선 나와 한국능률협회와의 만남을 이야기하는 것이 순서가 아닌가 싶다. 한국능률협회와의 만남은 내가 1960년 서독 유학에서 돌아와 우리의 경제 발전에 발맞추어 한창 기업 경영 근대화에 열을 올리고 있을 때부터이다.

그 당시 이 운동은 크게 3대 기관, 즉 한국생산성본부와 한국능률협회, 그리고 고려대학교 기업경영연구소의 세 기관이 정립해 나름대로의 특성을 살리면서 선의의 경쟁을 펼치고 있었다.

이때에는 기업 경영 근대화 운동에 관여할 수 있는 차원의 사람이 많지 않아, 손꼽아 헤아릴 수 있을 정도로 희소가치가 있었다. 더욱이 경영학의 선진국이면서 '라인 강의 기적' 으로 경제부흥을 이룬 서독의 이론과 경험에서 무엇인가를 배워 보자는 욕구에다가 서독에서 경영학 박사라는 학위를 받았다는 부가가치가 붙여져서 그야말로 '인기 교수' 로 크게 한몫을 하게 되었다.

이러다 보니 한국생산성본부와 고대기업경영연구소의 활발한 활동에 자극을 받은 몇 민간 인사가, 미국에서 일어난 산업능률화 운동을 사업화하여 크게 성공한 일본의 일본능률협회를 본받아서 우리도 그런 운동을 해 보자고 뜻을 모아 출자하여 주식회사 형태로 1962년에 한국능률협회가 발족하였던 것이다.

그런데 한국생산성본부는 월간지 「기업경영」을, 고대기연은 주간 「경영신문」 혹은 「경영연구」 등을 발간하여 활발한 홍보 활동을 전개하고 있었다. 이에 대항하기 위해서 한국능률협회는 경영실무를 주관하던 오철구 씨를 중심으로 월간지 발간을 구상하게 되었다. 그를 담당할 실무자를 찾던 중 신영철 씨가 1966년 9월 1일자로 영입된 것으로 알고 있다. 그 당시 우리의 월간지 발간 환경이란 말할 필요도 없이 모든 것이 열악한 상황이어서 정말로 모든 면에서 악전고투하지 않을 수 없었다.

이러한 어려움을 뚫고 뜻을 세워서 입사한 신영철 씨는 1999년 「현대경영」 10월호에 '근속 33년' 이란 글을 실었는데, 그러다 보니 2006년 9월 1일자로 한국능률협회 근속 40년이 되는 셈이다.

한국과 같이 격동하는 사회에서, 특히 자의반 타의반으로 직장에서 물러나야 하는 일이 다반사인 산업사회에서 '한 우물'을 파는 일공(一孔) 선생이 된다는 것은 현실적으로 그리 쉬운 일이 아니다. 그리하여 이태백(二殆白; 20대 태반이 백수), 삼팔선(三八選; 38세까지 있으면 선택된 사람), 사오정(四五停; 45세 정년퇴직), 오륙도(五六盜; 56세까지 직장에 있으면 도적)와 같은 유행어가 나오는 세태에서 입사 40년이란 대단한 일이 아닐 수 없다.

그와의 첫 만남은 내 메모에 의하면 1966년의 일로 한국능률협회에 입사한 때부터였다. 즉 「현대경영」 창간호에 '경영자와 경영학자와의 대담'에 참가한 때를 전후해서인 것으로 기억된다. 이를 시발점으로 하여 나는 2006년 3월까지 40년 동안에 129건의 기고를 한 것으로 되어 있으며, 교육특강과 기타 행사 참여 등 헤아릴 수 없을 정도로 많은 일을 하는 사이에 직간접적으로 신영철 씨와 만남을 이어 왔다.

그 중에서도 가장 인상적으로 기억되는 것은 한국능률협회가 가장 어려웠던 김숙동 부회장 시기이다. 동대문구의 세종기념사업회관 혹은 안국동에서 동가식서가숙하면서 재정난에 빠져 악전고투를 하다 사단법인으로 전환하기까지, 신영철 씨의 고생과 고민을 잘 알고 있는 나로선 새삼 30여 년 전 그때의 일이 회상된다.

이어 주요한 회장 시대, 송인상 회장 이후의 안정 발전기에 보여진 그의 활동과 뒤이은 승진 등도 인상적인 일이 아닐 수 없다.

한국능률협회와의 만남은 곧 신영철 씨와의 만남으로 연결되는 경우가 많은데 가장 인상에 남는 일로는 '한국의 경영자상 제도'

마련과 그의 심사, 그리고 시상에의 관여, '사지(社誌) 콘테스트' · '관리대상 제도'의 마련과 심사와 시상, 일본의 기업교육제도 시찰단 방일과 관련해서 일본능률협회 방문, 그리고 1992년 3월 「한국능률협회 30년사」에 'KMA와 나'를 기고한 일, 1981년 한국능률협회 주관으로 『기업과 마케팅』 · 『판매의 추진방법』 · 『유통구조와 물적유통』 등을 발간한 일들이다.

인생이란 유한한 것, 그러나 기업은 영원한 것이 이상임은 더 말할 필요도 없다.

협회의 한 경영자로서 이러한 측면에서 신영철 씨가 앞으로 '아름다운 끝맺음'을 어떻게 멋있게 하는가를 지켜보고 있으며, 아울러 '멋있는 노후'를 보여주길 바라는 마음 간절함을 전하고 싶다.

정말로 그 동안 어려운 일을 잘 극복해 업적을 쌓아 올리느라 수고 많이 했으며, 숙년기에 더욱더 건

* * 앞에서 저를 끌어 주시고, 변함없는 격려를 해 주시는 분입니다.

승하고 아름다운 제2의 인생을 살아 주길 간절히 축원한다는 말을 보태고 싶다.

〈경영학 박사 · 고려대 명예교수〉

감사의 댓글

제가 능률협회에서 40년을 꾸준히 살아올 수 있었던 원동력은 이 분 덕분에 만들어졌는지도 모르겠습니다. 처음부터 참신한 강의의 위력과 끊임없이 써 주시던 재기 넘치는 다방면의 경영 관계 기사 덕분에, 저는 이 분의 글을 받아 편집할 때마다 넘치는 새 지식을 받아들이느라 언제나 신나고 행복했습니다.

그리고 이 분의 끊임없는 격려가 언제나 제 가슴에 엔돌핀이 되어 핑핑 돌았습니다. 아마도 그 동안 단 한 번의 거절도 없이 언제나 마감 전에 꼭 써서 보내 주신 그 원고와 장시간의 강의 내용을 다 합치면 정말로 도서관 하나를 거뜬히 채우셨을 것입니다. 단 한 번도 비관적인 말씀을 해 주신 일이 없고, 언제나 제가 하는 일은 '찬성' 으로 일관해서 저의 기를 북돋아 주셨습니다. 그 정열이 저의 힘이 되었을 것으로 믿습니다. 새삼 감사를 드립니다.

외유내강형 인물

오철구 吳哲求

요즘 해외에 나가 보면 대한민국의 국력을 실감할 수 있습니다.

주요 국제공항이나 큰 도시의 거리에서 삼성이나 엘지 등의 간판을 쉽게 접할 수 있으며 거리를 질주하는 현대 차를 차창 밖으로 바라볼 수 있게 되었습니다.

아! 대한민국이 많이 커졌구나!

마음속으로 감탄하고 흐뭇해 하는 여행객들이 한두 명이 아닐 것으로 짐작합니다. 우리나라 기업의 경영관리 개선을 위해 미력하나마 봉사해 온 우리들로서도 기쁨과 보람을 느낍니다.

잘 알려진 바와 같이 우리나라에서 생산성 향상의 깃발을 들고 현대 기업 경영의 이론과 기법을 처음으로 보급한 기관은 이은복 이사장께서 창립하신 한국생산성본부입니다. 초기 출발할 때의 기관 명칭은 한국생산성연구지도원이었습니다.

바로 5년 후, 1962년도에 한국능률협회가 설립되었습니다.

한국생산성본부는 정부의 지원하에 설립된 반면, 한국능률협회는 정부의 지원 없이 순수 민간 기관으로 출발했습니다. 이것이 이후 두 기관의 성장과 발전 과정에서 큰 차이를 보인 원인이 되지 않았나 생각합니다.

한국능률협회를 설립하게 된 동기는, 우리도 일본능률협회와 같은 우수한 기관을 한번 만들어 보자는 데 있었습니다. 일본능률협회는 1943년도에 창립되었습니다. 태평양 전쟁이 한창 진행되고 일본이 고전하고 있을 때였지요. 창립 초기 일본능률협회가 주력한 일은 군수공장을 상대로 Time Study, Motion Study 등을 통해 작업 현장의 능률을 높이는 것이었습니다. 전쟁이 끝나자, 일본능률협회는 민간 기업을 상대로 IE(Industrial Engineering) 기법을 주축으로 하는 컨설팅과 교육 훈련에 주력하여 큰 성과를 거두고 크게 성장해 왔습니다.

앞에서도 말씀드린 바와 같이 한국능률협회를 설립하게 된 직접적인 동기는 우리도 일본능률협회와 같은 순수한 민간 경영 지도 · 교육기관을 세워 키워 보자는 것이었습니다. 출발은 주식회사 형태이고 자본금은 1백만 원이었습니다.

1962년도에 출발한 한국능률협회의 첫 번째 사업은 공개 강좌(자재 관리)였으며, 이어 출판 사업을 시작하여 『기업의 건강진단』(임재수 저)을 처음으로 세상에 내놓았습니다.

이후 1966년 10월에 월간 「현대경영」을 창간하게 되었습니다. 당시 한국생산성본부에서는 월간 「기업경영」을 발행해 왔습니다만, 이 잡지와는 차별화된 참신한 스타일의 잡지를 만들어 보려는 의욕으로 「현대경영」을 창간한 것입니다.

잡지에서 가장 중요한 것은 어떤 기사를 담고 어떻게 편집하느냐 하는 '기획과 편집' 입니다. 이 일을 누가 맡느냐에 따라 잡지의 운명이 달라집니다.

그래서 만나게 된 사람이 현재의 신영철 부회장입니다.

신영철 부회장은 당시 월간 「비지네스」라는 잡지의 편집 업무를 맡고 있었습니다. 삼고초려의 노력 끝에 드디어 승낙을 얻어 내어 한국능률협회로 자리를 옮기게 되었습니다. 그리하여 「현대경영」 초대 편집장의 중책을 맡아 창간 작업에 들어서게 된 것입니다.

창간 당시 「현대경영」의 편집 방침은 딱딱한 이론은 피하고 기업의 현장에서 쉽게 활용할 수 있는 실익 있는 잡지를 만들어 보자는 데 있었습니다. 독자들의 부담을 덜어 주기 위해 가능하면 한 기사당 두 페이지를 넘지 않게 하였으며, 전문지로서는 파격적으로 '잠깐 쉬어갑시다' 화보도 매달 실었습니다.

이런 정성과 편집 방침이 적중하여 창간 5년 만에 발행부수 8천 부를 돌파하여 큰 화제가 되기도 하였습니다. 지금도 잊혀지지 않는 것은 '한국의 경영자상'을 제정하고 이것을 「현대경영」에서 적극 홍보하여 키워 왔다는 점입니다.

이후 신영철 부회장은 「현대경영」을 꾸준히 이끌어 왔으며 여러 부서의 책임을 맡아 폭넓은 경험을 쌓아 온 것으로 알고 있습니다. 초기에 함께 일했던 상사 · 동료 · 부하 직원들이 모두 떠난 뒤에도 홀로 남아 한국능률협회를 지켜 오늘날과 같이 훌륭한 큰 조직으로 키워 온 그야말로 일등공신이 되었습니다.

40년 세월이 흐르는 동안 많은 시련과 고통이 있었을 것으로 짐작됩니다. 그러나 이를 잘 극복하여 오늘의 성공을 거둔 데 대하여 마음속으로부터 축하하며 또 '고마움'을 전합니다.

＊＊ 제가 한국능률협회에 처음으로 들어왔을 때의 모습. 오른쪽이 오철구 전무님, 가운데가 김용중 회장님.

혼자 한 일은 아니었으나 처음 한국능률협회의 창립을 꿈꾸고 이를 추진해 왔던 저로서는 도중에 큰 짐을 넘기고 떠나 고생시켜 드린 데 대하여 미안한 마음을 갖고 있었습니다.

신영철 부회장은 한마디로 외유내강형 인물이라고 할까요.

겉으로는 매우 부드러우나 마음속에는 강인한 의지와 실행력을 지니고 있었던 것으로 기억됩니다. 늘 웃는 부드러운 인상의 호인형이지만, 그렇게 엄청난 잠재력을 갖고 있을 것이라고는 미처 짐작하지 못했습니다. 협회 전무이사로서 함께 일할 때는 별로 느끼지 못했던 것이 사실입니다.

30, 40, 50, 60대 인생의 황금기를 한국능률협회에서 보내고, 70고개를 바라보는 신영철 부회장에게 부탁드리고 싶은 것이 꼭 하나 있습니다. '건강'에 유의하시고 이제는 좀 편안하게 여유 있는 시간을 보내 주었으면 하는 것입니다.

〈초대 한국능률협회 전무이사 · 한국인사관리협회 회장〉

감사의 댓글

이 분을 능률협회에서 만나뵙게 된 것이 제 운명을 올바로 여는 아주 중요한 계기가 되었습니다. 거기서 당시 한국 PR연구소의 김용중 소장님을 만나뵌 것 또한 제 갈 길을 바로 찾은 극적인 시발점이 되었음에 틀림없다고 생각합니다.

이들 두 분을 한꺼번에 뵙게 되면서부터 제가 그 동안 해 오던 잡지 만들기가 얼마나 신나고 재미있는 일인지를 다시 깨닫기 시작했고, 진정한 열정이란 어떤 것인가를 기뻐하며 깨닫게 되었습니다. 오철구 전무님께서는 따뜻하신 배려 가운데서도 언제나 철저한 '경영적 지도'를, 그리고 김용중 소장님께서는 분에 넘치는 '인간적 지도'를 베풀어 주셨습니다.

그때의 철저한 지도와 격려가 그 다음 인생을 살아 나가는 과정에서 저를 지탱하게 하는 크나큰 원동력이 되었습니다.

지금도 40년을 뻗쳐 온 그 힘의 원동력이, 그저 뜻만 가지면 저절로 이루어지는 것이 아니라, 그 분들이 베풀어 주신 훌륭한 지도와 가르치심에서 온 것임을 뼈저리게 회상하고 있습니다.

다시 한 번 이 두 분께 깊은 감사의 인사를 올리고자 합니다.

능률협회와의 인연

임재수 林在琇

정확한 연도는 기억에 없다. 그러나 신영철 부회장님이 '한길 40년'의 회고록을 출간한다는 소식에 새삼 그 분과 함께 한 잊혀졌던 젊은 시절을 회상하게 된다. 그것은 한국능률협회 초창기인 60년대 중반으로 거슬러 올라간다. 당시 한국은행 조사부에 재직하던 본인이 협회가 주관하는 경영 강좌 강사로, 저자로, 월간지 편집위원과 조찬회 강사로까지 활동하는 기회를 가졌던 것은 크나큰 행운이었다.

'생애에 있어서 가장 중요한 일은 직업의 선택이다. 그리고 그것은 우연히 결정된다.' 파스칼의 『명상록』에 나오는 말이다. 어쩌면 우연히 결정될 수도 있는 직업에 보람을 느끼면서 후회 없이 평생을 바치는 일은 그리 쉬운 것이 아니다. 더구나 그것이 사회 발전에 큰 기여를 하는 경우에는 더할 나위 없다. 그런데 신영철 부회장님은 생애를 두고 가장 중요한 직업을 잘 선택하셨고, 평생 그 일에 몰입할 수 있었으니 그것이 집념의 소산이라 하더라도 부럽고 존경스러울 따름이다.

초창기 능률협회의 한 축을 담당하신 신영철 부회장님이 특히 경영도서 출판과 월간지 편집을 전담함으로써 협회 발전을 견인하신 것은 자타가 공인하는 바이다. 바야흐로 경제개발 계획이 본격화되던 60년대 초반, 국내 기업도 새로운 성장의 전기를 맞았고 대학마다 경영학과 경영대학원 신설이 붐을 이뤘다. 그러나 정작 기업에게 절실히 요구되는 전문 경영자는 많지 않았고, 선진 경영기법을 도입해 우리 실정에 알맞게 접목시키는 전문 기관도 몇 안 되었다.

본인이 첫째 권 『기업의 건강진단』을 낸 매니지먼트 시리즈나 비즈니스맨 시리즈 등도 경영 정보에 허기진 경영학도와 기업인들에게 불티나게 팔려 나갔다. 모두가 신 부회장님의 손을 거쳐 나간 상품들이다. 73년에 시작한 최고경영자 조찬회는 국내에서는 최초의 시도였다. 조선호텔 볼룸을 가득 메운 CEO들의 열기가 뜨거웠던 유익하고 권위 있는 이 조찬회는 협회의 성장과 더불어 오늘로 이어져 오고 있다.

창업기 능률협회의 젊고 의욕에 넘치던 많은 사람들이 대학 강단으로, 유사업종으로 자리를 옮기고 또 소유주가 교체되는 변천 속에 신영철 부회장님만이 그때나 지금이나 식지 않은 열정으로 그 자리를 지키고 계신다. 바라건대 이제는 순수 토종을 대표하는 종합 컨설팅 그룹으로 성장한 한국능률협회를 세계적 컨설팅 회사로 발전시켜 '한길 40년'의 후속편을 내시기를 기대하면서 축하의 말을 대신하고자 한다.

〈동원경제연구소 부회장〉

＊＊ 저에게 경제 · 경영에 관한 모든 지식을 심어 준 분이십니다.

감사의 댓글

이 분이 안 계셨더라면 편집기자로서의 제 인생은 없었을 것입니다. 그만큼 월간 「현대경영」의 편집장 시절은 이 분의 절대적인 지원과 격려 속에서 보냈다고 생각됩니다.

제가 능률협회에 들어올 당시 한국은행 조사과 대리님이던 이 분께서는 그 유명한 베스트셀러 『기업의 건강진단』으로 이름을 날리고 계셨습니다. 저희 협회에 이사님으로도 참여하고 계셨고 잡지가 만들어질 때 이미 중요한 필진으로 계획되어 있으셨습니다. '성장하는 기업', '비극의 기업' 등 굵직한 연재물을 비롯해서 웬만한 기획물은 모두 이 분의 손에 의해 만들어졌던 것입니다.

경제나 경영에 관한 특집기사는 거의 이 분께서 구상하고 집필해서 저에게 보내 주시면, 제가 잡지의 취지(알기 쉽고 부드러운 경제 경영지)에 맞춰 쉽고도 재미있게(?) 각색하여 실음으로써 장안의 종잇값을 올리곤 했던 것입니다.

인생의 행복

손병두 孫炳斗

사람은 살아가는 동안에 존경하고 배우고 싶은 분들을 만나게 마련이다. 나의 경우 신영철 부회장님이 그런 분 중의 한 분이라고 생각한다.

내가 신 부회장님을 처음 만난 것이 70년대 초반이 아니었나 기억된다. 그 당시는 삼성 비서실에서 조사담당 팀장으로 근무할 때였다. 우리나라에 읽을 만한 경영 잡지가 귀할 때 「현대경영」은 선진 경영기법을 소개했고 경영의 이론과 실무를 배울 수 있는 거의 유일한 잡지였다. 나는 늘 「현대경영」을 읽으며 경영에 대해 뭔가 더 공부해 보려고 노력했다. 젊은 직장인으로서, 초급 간부로서 많은 것을 배울 수 있었고 지금도 그 고마움을 잊을 수 없다. 그러한 독보적인 경영잡지의 편집장으로 일하시면서 잡지의 질을 높인 분이 바로 신 부회장님이셨다. 삼성 비서실에서 근무하는 동안에는 신 부회장님의 요청으로 능률협회 교육 프로그램 강사로 강의를 나가기도 했다.

그러던 중 능률협회를 창립하신 김병원 회장님이 작고하시자 능률협회의 경영이 어려워지게 되었다. 직원들도 뿔뿔이 흩어지는 등 아주 힘든 때였다. 한번은 신 부회장님이 사무실로 나를 찾아오셔서 「현대경영」을 삼성에서 인수하여 경영해 주었으면, 하는 제의를 하셨다. 그래서 윗분께 상의를 드렸더니 「현대경영」을 어느 기업이 단독으로 인수해서 발행하는 것보다는 업계에서 모두가 참여하여 업계 공동 잡지로 해야 편견 없는 공정한 잡지로 살아남을 수 있을 것이라는 의견이셨다. 제일모직을 필두로 몇몇 회사들이 주식회사 형태로 자금을 출연하여 어려운 자금 사정을 해결하면 될 것이 아닌가 하는 것이었다.

또 전경련 윤태엽 사무국장을 만나뵙고 이런 진언을 드렸다. 우리 재계가 「현대경영」을 발간하고 경영교육을 담당하는 능률협회 같은 단체 하나 못 살리면 말이 되지 않는다, 이웃 일본능률협회가 일본 기업들의 능률 향상을 위해 많은 기여를 하고 있음을 볼 때 우리 한국도 전경련이 주동이 되어 능률협회를 살려야 되지 않겠느냐고 설득했다. 그 결과 윤태엽 사무국장께서 그러겠다고 승낙했다. 그 뒤 능률협회가 전경련회관으로 사무실도 옮기고, 전경련 부회장님들 중에서 한 분이 능률협회 회장으로 선임되도록 정리가 된 것으로 알고 있다. 그래서 전경련 부회장이셨던 송인상 회장님께서 현재 능률협회 회장으로 계신다고 알고 있다. 아무튼 이런 인연으로 신 부회장님과 오랜 사귐이 계속되었다.

신 부회장님은 파산 직전에 놓인 능률협회의 키잡이 역할을 하시며, 모든 사람들이 떠나가도 끝까지 키를 놓지 않고 배의 난파를 막아 내신 분이다. 고군분투하면서 끝까지 배의 침몰을 막아 낸 그 분의 의지와 열정에 나는 탄복하지 않을 수 없었다. 항상 웃음을 잃지 않고 조용하신 그 분에게 어떻게 그런 힘이 나오는지 놀랄 뿐이었다. 늘 공부하고 내공을 쌓으신 결과가 아닐까 생각한다.

만나뵐 때마다 새로운 일에 도전하시는 것을 보고 놀란 적도 많다. 한번은 연세대학교 어학당에서 영어 공부를 하신다고 해서 놀랐고, 또 한번은 중국어 공부를 하신다고 해서 다시 놀랐다. 공부에 나이를 따지지 않고 열심이신 모습을 보면 저절로 존경심이 우러나왔다. 그렇게 항상 새로운 것을 기획하고, 새로운 것을 배우고 실천하셔서 오늘의 능률협회를 탄탄한 반석 위에 올려놓으셨다.

내가 전경련 상근 부회장으로 있는 동안 능률협회 부회장으로 임명을 했고, 최고경영자상 심사위원으로 시상식에 초청할 때마다 늘 고마운 마음을 읽을 수 있었다.

* * 가운데가 손병두 회장님. 장영신 회장님과 반갑게 담소하고 계십니다.

한 경제단체에서 초지일관 평생을 바친 그 분의 모습을 바라보면 참으로 존경하지 않을 수 없다. 나처럼 자의든 타의든 한 군데 오래 있지 못하고 이리저리 옮겨 다닌 것과는 달리, 한 곳에서 우리나라 기업들이 세계 수준에 오를 때까지 '능률'이라는 한 화두만 가지고 교육과 컨설팅으로 달려온 일생은 얼마나 값지고 보기에 아름다운가.

늘 뵈올 때마다 지혜와 새로운 지식과 아이디어로 마르지 않는 샘처럼 후배에게 지도와 편달을 아끼지 않으시는 선배님을 만나서 배움을 받을 수 있다는 것은 나만의 행복함이 아닐까 생각해 본다. 부디 앞으로도 신 부회장님께서 건강하시고 후배들에게 든든한 스승으로 건재하시길 바랄 뿐이다.

〈서강대학교 총장〉

감사의 댓글

이 분에 대한 말씀은 아무리 길게 써 올려도 끝이 없을 것 같은데, 지면이 모자라서 안타깝습니다. 그 대신 제일 말미에, 제 아내에 대한 회고 부분에 별도로 간단히 기록의 일부를 더해 놓으려고 했습니다만, 너무 사적인 부분이 강조되는 것이 다른 분들과의 관계에서 과례가 될 것 같아 최종적으로 빼게 된 것이 너무 허전합니다. 그 후 전경련 상근 부회장님을 거쳐 현직에서 바쁘게 활동하고 계시기에 자주 뵙지는 못합니다. 언제나 가까이에서 항상 찾아뵙고 의논도 드릴 수 있는 분인 것처럼, 생각만으로도 늘 마음 든든하게 지내고 있습니다.

화산(華山) 선생과의 인연

성의경 成義慶

화산(華山) 신영철 선생께서 한국능률협회(KMA) 참여 40주년이 되는 올해 기념문집을 낸다는 소식을 듣고 매우 반가웠다. 선생의 면모를 살필 수 있었던 한 사람으로서 진심에서 우러나는 축하의 뜻을 전해 드리고자 한다.

필자는 1976년 처음 신 부회장을 만났다. 그 해 여름 강원도 용평에서 개최된 한국능률협회 하계 최고경영자 세미나 자리에서였다. 일간 「내외경제」 기자로 취재차 참석한 필자는 두꺼운 돋보기 안경 속에서 눈빛이 유난히 빛나는 신영철 당시 부장과 같은 방을 쓰면서 많은 이야기를 나눴다.

이때 신 선생이 서울대 철학과를 나왔고, 당시 「동아일보」 경제부장이던 이동욱 선생이 창간한 월간 「비지네스」에서 편집장을 맡고 있다가 66년에 한국능률협회에 참여했다는 사실도 알게 되었다. 능률협회에선 곧바로 월간 「현대경영」을 창간하여 편집장 · 주간을 맡았고, 필자가 만났을 때엔 교육사업부장을 겸직하였던 것으로 기억한다. 그래서 국내 최초로 최고경영자 조찬회를 시작하고, 역시 최초로 하계 휴양지 세미나를 개최하여 뉴스를 만들어 내곤 했다.

77년에도 필자는 KMA의 제주 하계 세미나에 참석했다. 이때 역시 신 부장과 룸메이트가 되어 대화하며 강연 내용을 취재했다. 이 세미나에서 남덕우 부총리 겸 경제기획원 장관이 연설한 내용에서 필자는 특종을 뽑아 내기도 했다.

즉 국내 최초로 부가가치세를 실시(1977. 7. 1)했을 때인데, 남 부총리는 금전등록기를 이용한 영수증 발급 의무를 대폭 완화하겠다는 발언을 했다. 영세 상인들을 위해서라고 했지만 부가세를 기피할 수 있는 통로를 열어 준 셈이다.

저녁 강의에서 질문에 답변한 남 부총리의 이 같은 언급을 서울 본사로 타전했고, 야근 담당 국장이 이를 1면 톱으로 갈아 끼워 보도했다. 이튿날 서울에선 기자들이 경제기획원으로 몰려들어 난리판이었고, 결국 필자가 보도한 내용을 「동아일보」 등 종합 신문이 하루 늦게 1면 톱으로 대대적으로 보도했다.

이때 필자는 남 부총리가 야심 있는 인사라고 간파했으며, 옆에서 신 부장도 박수를 치며 기뻐하던 일이 기억난다.

그 후 80년에 신군부가 집권하면서 언론계에도 태풍이 불었다. 8월 초 수천 명의 기자들을 강제 해직시키고 끝내 「내외경제」를 비롯하여 수많은 신문사를 통폐합하는 사태가 벌어졌다. 필자도 '해직 기자' 란 딱지를 붙이고 신문사를 나왔다.

해가 가고 81년 초 어느 날, 신 선생으로부터 전화가 왔다. 함께 KMA 일을 해 보지 않겠느냐는 것이었다.

이렇게 해서 필자는 조사부장 겸 월간 「현대경영」 편집장으로

KMA에 참여케 됐다. 이때 신 선생께선 이사로 필자의 직속 상사였다. 한 식구가 되어 아침 저녁 회의를 하며 근무하면서 신 선생의 진면목을 발견하게 됐다.

우선 남다른 끈기와 성실성이 돋보였다. 그리고 무궁무진한 아이디어로 어려움 속에서도 협회를 일으켜 세우고 꾸준히 발전시키는 데 혀를 차지 않을 수 없었다.

"그러니까 능률협회 아니오. 우리는 종이와 볼펜만 있으면 무엇이든 할 수 있어요. 불황이든 호황이든 돈은 밖에서 우리를 기다리고 있지 않습니까!"

엄청난 배짱이었다. 그처럼 얌전한 철학도에게 어떻게 이 같은 용기가 있을까, 하고 생각한 것이 한두 차례가 아니었다.

이렇게 해서 KMA는 재계에 꼭 필요한 싱크탱크이자 교육연수기관으로 성가를 높여 갔다.

필자도 부지런히 앙케이트 조사 등을 전개하며 「현대경영」 지면 혁신에 노력했다. 기자 출신으로 뉴스에 주력하는 필자와 매니지먼트에 관심이 많은 신 이사의 편집관은 차이가 있었다. 그러나 신 이사는 우정을 갖고 지켜보며 격려해 주었다.

이때 원용석 회장께서 필자를 호의적으로 보셨던 듯하다. 월간 「현대경영」을 별도로 독립 운영해 보라는 말씀이었다. 당시에도 편집은 물론 광고, 판매까지 독자적으로 했으니 어려운 일은 아니었다.

이와 관련하여 여섯 차례나 회의가 열렸지만, 그러나 필자는 이를 사양했다. 이 저널을 창간하고 그때까지 자식처럼 애지중지하며 돌보아 온 신 이사를 생각해서였다.

회장님의 주장이 하도 끈질기자 신 이사도 나중에는 진심으로 이 저널을 독립 운영해 달라고 당부했다. 그러나 필자는 끝내 이를 사양했다.

그러던 중 82년 여름 「전자신문」 창간 편집국장으로 자리를 옮기게 됐다. "평생 기자 생활을 하고, 그것도 경제신문에서 전자산업을 다뤘는데, 국내 최초로 발간되는 「전자신문」의 참여 요청을 외면할 수 없습니다" 하고 말씀드렸더니 신 이사와 원 회장께서도 흔쾌히 승낙을 해주었다.

그렇게 해서 「전자신문」 창간의 기틀을 놓은 다음 85년 봄 현재의 신산업경영원을 창립했다. 이때 언론계 친구들이 신문 동정란에 필자의 창업 기사를 실었는데, 이를 보고 신 전무께서 사무실로 찾아왔다.

"원 회장님께서 혈압으로 편치 않으십니다. 그런데 신문 보도를 보시고는, 이제 성 부장이 신문사를 나왔으니 「현대경영」을 맡기라고 하셨습니다"며, 진심으로 필자에게 이 저널을 맡아 달라고 했다. 이때도 필자는 같은 이유로 사양했다. "참, 성 형 고집도 대단하시오. 편치 않으신 노회장님 뜻을 봐서라도 맡아야 도리가 아니겠소" 하고 신 전무는 발길을 돌렸다.

그 날 오후 필자는 원 회장님 댁으로 찾아가 뵙고 양해를 구했다. 그리고 그 후 2년 만에 월간 「New Media」 출판 인가를 받고 창간호를 찍은 다음 신 부회장을 찾아갔다. "끝내 해내셨군요. 감탄했습니다" 하고 신 부회장은 필자의 손을 잡았다. 평생을 글과

씨름하며 저널을 만들어 온 사람들끼리 통하는 바가 있었다.

90년대에 접어들어 KMA는 KMAC(한국능률협회컨설팅) 등을 주식회사로 발족하며 웅비의 나래를 폈다.

이 즈음 전경련 회관 KMAC 사장실에서 신 부회장을 뵙고 KMAC 육성 계획을 들었을 때 '이 분이 글자와 평생 씨름을 해 온 사람인가?' 하고 놀랄 정도로 활달한 기업인으로 변모했음을 발견했다. 실제로 이때 신 부회장은 저널에서 관심을 떼었지만, 결국 나중에 다시 「Chief Executive」라는 저널을 창간한 것을 보면 필자의 판단이 크게 틀리지 않았음을 알 수 있다.

그 사이 신 부회장은 화산이란 아호를 쓰기 시작했고, 나중에 중국에 웅장한 화산이 있음을 알게 되었다는 이야기도 들을 수 있었다.

＊＊ 왼쪽이 성의경 원장님. 이 분은 한때의 동지이시기도 했고, 지금은 동업계 인사로서 교류하고 있습니다.

지금도 '1만 사 방문 계획'을 추진, 이미 3천 사에 육박하고 있다니 신 부회장의 집념과 끈기는 출중하다 아니할 수 없다. 항상 건강하시어 만사 달성의 대업을 이루시기를 간절히 기원한다.

〈신산업경영원 원장〉

감사의 댓글

이 분은 본인께서도 이미 언급해 주셨습니다만, 저하고는 한때 같은 직장에서 근무하며 이상을 같이하는 입장에서 서로 공조하며 지낸 분입니다. 「내외경제」라는 신문에서 기자 생활을 하시던 중 저와 뜻이 맞아 참 많은 대화를 나누었고, 협회에서도 많은 일을 함께 구상하고 실천해 왔습니다.

'짧은 시간, 오랜 만남'이라는 표현이 적절할까요? 지금도 한 해에 한두 번 정도는 꼭 만나고 안부를 나누는 관계입니다. 그런 만큼 저희 협회를 다녀가신 무수한 분들 가운데서도 가장 오래 남고 기억에 생생한 그런 분이십니다. 아마도 영원히, 언제 만나도 늘 새롭고 반가운 사이가 될 것입니다.

현재는 서로 다른 길을 가고 있습니다만, 아직도 친형제 같은 기분으로 우애를 지켜 주시는 젠틀맨이십니다. 인생의 좋은 벗이 되고 있다고 자부합니다.

혼자 남아 고군분투한 사람

유병호 劉秉昊

사람은 한평생을 살아가면서 많은 사람들과 만나 교류한다. 내가 신영철 부회장을 만나면서 지나온 시간들은 그 많은 사람들과의 교류 중 성공적인 사귐이다. 모든 기대에 어긋나지 않는 그야말로 성공적인 교우의 하나로 꼽을 만하다. 40여 년을 가까이 알고 지냈지만 지금도 늘 변치 않고 서로 존경한다. 신영철 부회장과 가까이 지내 본 사람이라면 누구나 그의 인간 됨됨이를 알 것이고, 지모를 겸비했다는 평을 할 것이다.

신영철 부회장과 본격적인 만남을 가졌던 것은 1960년대 후반으로 기억한다. 이전에도 물론 서로 인사는 하는 사이였지만 본격적으로 만나기 시작한 건 당시 (주)KMA의 재정이 어려워지면서부터였다. 회사가 어려워지자 채권단이 사무실로 몰려와 행패를 부리고 회사 임원들과 등기상 이사들에게도 내용증명을 보내는 협박을 했다.

이때 당시 부장이었던 신영철 부회장이 나에게 찾아와서 도와달라고 부탁했다. KMA가 경영자 교육 훈련을 하고 근대적 경영기법을 도입하는 경영 선도기관으로서의 사명을 갖고 설립된 곳인 만큼 회사를 살려야 한다는 마음이 컸다. 하지만 도와야 한다는 그 생각의 바탕에는 바로 신영철 부장에 대한 신뢰가 깔려 있었다.

신 부장은 회사가 어려워지자 모두들 도망간 판에 혼자 남아 그 일을 수습하겠다고 고군분투하는 모습을 보여주었다. 이 난국을 어떻게 수습하고 앞으로 어떻게 해 나가겠다는 포부도 설명해 주었다. 그 진지함에 믿음이 갔다.

신 부장은 말로만 하지 않았다. 그는 KMA를 살리기 위해 정수창 OB맥주 회장, 최태섭 전경련 부회장 등 수많은 사람들을 만나 호소했다. 실제 그의 노력으로 많은 분들이 KMA의 재건에 물질적인 도움을 줬다.

당시 전경련에서 빚잔치를 하면 KMA를 인수하겠다고 했는데, 나도 오기가 생겼다. 신 부장에 대한 믿음과 함께 만약 잘못된다면 혼자 뒤집어쓰더라도 내가 수습하겠다고 나섰다. 그때부터 신 부장과 서로 긴밀히 연락하면서 협력해 난관을 수습하고, 결국 잘 마무리돼 이후 KMA가 발전해 온 것이다.

이 일을 겪으면서 뭘 맡겨도 능히 하실 분이라는 생각이 들었다. 신영철 부회장은 모든 일에 균형감각을 가지고 늘 멀리 앞을 내다보며 KMA의 역사와 수십 년을 함께 해 나가고 있다. 정말 그렇게 하기 힘든데 말이다. 1997년 IMF 때 KMA가 한번 더 위기를 겪으면서 신영철 부회장의 진가가 다시 발휘됐다.

이때에도 신 부회장은 위기를 잘 극복하고 오히려 발전의 기회로 삼아 오늘날의 KMA를 만들었다. 현재 KMA의 모습은 바로 신 부회장의 공이다. 또 신영철 부회장을 그렇게 믿으니까 힘닿는 데까지 KMA를 도와준다. 홍대식 부회장과도 만날 때마다 신영철 부회장을 높이 평가한다.

한 가지를 보면 열 가지를 안다. 신영철 부회장은 모든 면이 겸손하다. 외면적으로 자신을 낮추고 뒤에서 묵묵히, 그러나 빈틈없이 일을 처리하는 면모를 보면 기가 막힐 정도다.

급변하는 환경 속에서 KMA가 대한민국 경제계에 크게 기여하는 기관이 되도록 신영철 부회장이 계속 힘써 주길 바란다. 국내에 KMA와 같은 유사단체가 많지만 KMA만 뚜렷하게 독자적 포지션을 갖고 있다는 사실은 모든 사람들이 인정한다. 정부 지원 없이 KMA가 이만큼 성장하기란 쉽지 않았다. 바로 신영철 부회장과 같은 분이 있었기 때문이다.

〈신한과학(주) 회장〉

＊＊ 좋은 자리에서 저와 말씀을 나누고 있습니다. 유병호 회장님께서는 정말 어려울 때 크게 도와주신 분입니다 (왼쪽).

감사의 댓글

이 어르신께서는 제가 사회에 나와 어려움을 겪을 때마다 뒤에서 크게 받쳐 주시고 오늘에 이르기까지 책임지고 이끌어 주신 가장 큰 은인 가운데 한 분이십니다. 협회가 한때 과도기적인 위기에 빠졌을 때, 홀로 책임을 지고 사심 없이 저희들을 건져내 주셨습니다. 거금을 내어 도와주시면서도 언제나, 공적으로 다른 관계자 여러분께 행여 누가 되어서는 안된다면서 혹시나 다른 분들께 알려지는 것을 매우 조심스러워하셨습니다. 어느 날인가 제가 하도 고맙고 무엇으로든 보답하는 뜻이라도 전해 올려야 할 것 같아서, 그 당시 저에게 모두 물려주셨던 큰 주식 뭉치 보따리를 가져다 드리려고 한 일이 있었습니다. 그때 이 분께서 극구 만류하시면서 이렇게 말씀해 주셨습니다.

"그건 내가 받아서는 안되지요. 내가 공적으로 지원하고자 하는 건데, 행여 누가 알게라도 되면 내가 무슨 사욕이 있어 그러는 거라고 오해를 받을 겁니다. 그러니 이것을 도로 가져가고 다시는 이런 일이 없도록 하시오." 그래서 다시 들고 물러나왔던 일이 있습니다. 그 일도 저에게는 큰 교훈이 되었지요.

평생 가도 제가 이 어르신께 받아 온 커다란 은혜와 따뜻한 격려의 천만분의 일도 갚지 못할 것 같은 마음에 늘 안타깝고 죄스러울 뿐입니다.

다만, 계속해서 저희 협회를 잘 이끌어 나가서 세상에서 다 같이 칭송하고 '존경받는 KMA'로 우뚝 서게 하는 것이 저희들이 할 수 있는 보답의 일부가 될 것이라고 봅니다. 감사드립니다.

한길 40년

홍대식 洪大植

한국능률협회의 발전사는 대한민국 경제 발전사와 함께한다. 즉 능률협회는 한 국가의 경제사와 맥을 함께할 만큼 깊은 역사와 전통을 지녔다고 하겠다.

한국능률협회의 탄생을 가까이서 지켜본 필자로서는 능률협회가 창립 44주년을 맞았다고 했을 때 깊은 소회와 감동을 느꼈다. 정부의 산업개혁에 맞추어 일절 정부의 개입 없이 순수 민간 주도로 자리잡은 능률협회는 창립 초창기 많은 어려움과 시련에 부딪칠 수밖에 없었다. 당시에는 생소한 경영과 관리 부문에서 기초를 닦는 데 주력했고, 그 흐름을 꾸준히 발전시키기 위해 노력했으며, 그 바탕에서 대한민국 경제의 기초를 닦았다고 해도 과언이 아닐 것이다.

필자가 처음 신영철 부회장을 만난 것도 대한민국 경제의 기초를 막 닦기 시작한 68년이었다. 당시 신 부회장은 외국에서 들여온 경영 · 경제 서적을 번역해 국내 산업계에 보급하고 있었다. 또 라디오 방송에서 경영 관련 프로그램을 진행했는데, 해박한 경제 지식과 부드러운 말솜씨로 매끄럽게 진행하는 데 깊은 인상을 받았다. 그 후에 만난 신 부회장은 한없이 자신을 낮추는 겸손한 자세와 조직의 융화를 위해 애쓰는 모습이었다. 그야말로 참된 사람임을 엿볼 수 있었다.

신 부회장은 66년에 능률협회에 입사해 40년 동안 한길을 걸어오며 젊음과 열정을 바쳐 일했다. 그리고 그 업적은 이제 능률협회에 고스란히 남아 있다.

신 부회장이 『한길 40년』을 출판한다고 했을 때 마음속 깊이 감동스러웠던 것도 40년을 한 조직에 몸담으며 어렵고 궂은 일, 힘든 일 마다하지 않고, 언제나 일에 대한 열정과 한결같은 마음으로 살아왔음을 알기 때문이었다.

＊＊ 저와 홍대식 부회장님은 언제나 한 배를 타고 있습니다. 언제나 따뜻한 미소와 자상함으로 저희들의 삶의 지표가 되어 주십니다.

『한길 40년』의 출판에 부쳐 어렵고 힘든 상황에서도 항상 밝은 평정심을 잃지 않고 능률협회의 발전을 위해 아낌없는 공을 들인 그 열정에 박수를 보내며, 앞길에 행운이 함께하길 기원한다.

〈한국능률협회 부회장〉

감사의 댓글

어려웠던 시절, 제가 찾아다니며 구제를 호소할 데라야 그 수는 매우 한정되어 있었습니다. 언제나 따뜻하게 제 호소를 잘 들어주실 분을 자주 찾아뵙는 것이 상정이었겠지요. 그 중 가장 대표적인 분 가운데 한 분이 홍대식 부회장님이셨습니다.

당시 한국유리 사장님으로서 저희 협회 이사님으로 계셨는데, 제가 찾아뵈면 언제나 자상하게 말씀을 들어주셨고 해결 방안까지도 같이 의논해 주셨습니다. 다만 오너가 아니시기에 돕는 일에도 한계가 있으니까, 그런 점을 언제나 안타까워하셨습니다.

그런 가운데서도 문자 그대로 언제나 '십시일반' 으로 공평하게 남하는 대로 또는 그 이상으로 도움을 주셨지요. 지금도 낱낱이 기억하고 있습니다. 그때 만일 이 분의 도움이 없었더라면 제가 혹시 중간에서 포기하고 좌절했을지도 모른다는 사실을……. 오늘도 제가 끝까지 웃으며 살 수 있게 된 것은 전적으로 이 분께서 뒤에서 밀어주신 커다란 은덕 때문이었다고 봅니다. 끝까지 용기를 잃지 않게 해 주신 점에 대해 새삼스레 다시 깊은 감사를 드립니다.

신 부회장과의 멋진 만남

김정열 金貞烈

1985년 3월, 정말 예기치 못했던 인연으로 KMA 상근부회장이라는 중책을 맡는 영광을 차지하게 되었다.

우선 KMA에 대해 잘 알지도 못하고 너무 큰 짐을 맡게 돼 은근히 부담스러운데다 신영철 전무(당시)를 비롯한 기라성 같은 터줏대감들(?)이 버티고 있으니 과연 이들과 잘 화합하면서 낯선 직무를 단호히 수행할 수 있을지, 하는 걱정이 앞서는 가운데 일을 해 나가기 시작했다.

그러나 이러한 생각들이 기우였음을 곧 알게 되었다.

우선 KMA의 주 사업인 경제계에 실질적인 도움을 주는 산업교육계에 몸담게 되었다는 기쁨과 자긍심은 마음을 편안하게 해 주는 한편 의욕을 불러일으켜 주었다. 또한 구성원들이 너나 없이 열성적이고 사명감이 투철할 뿐 아니라 터줏대감들도 전혀 티를 내지 않았다. 편안하게 대해 주는 건 물론 맡은 일도 성실히 처리해 주어서 마음 놓고 의논하고 힘을 합쳐 업무를 수행할 수 있었다.

신영철 부회장이나 김수일 전무(훗날)는 본인이 전경련에 근무할 때부터 서로 알던 사이긴 했지만 함께 일을 하게 된 것은 처음이라

조화롭게 잘해 갈 수 있을까 하는 염려도 없지 않았다. 그러나 이들은 처음부터 전혀 티를 내거나 텃세 부리는 일 없이 매사에 협력하고 솔선하는 마음가짐이어서 지금까지도 너무 고맙고 흐뭇하게 생각한다.

신 부회장은 언제나 논리정연함과 대안으로 문제를 풀어 나가려고 노력했기에 본인도 이를 수용하지 않을 수 없었으며, 결과적으로 일이 잘 처리되었기 때문에 늘 감사하게 생각하고 있다. 한마디로 신 부회장과의 만남은 큰 행(幸)이자 덕(德)이었다고 하지 않을 수 없다.

신 부회장은 모든 일에 정도(正道)를 가고 산업계에 도움 되는 일에 초점을 맞추었기 때문에 외길 40년을 아무 탈 없이 꿋꿋하게 걸어올 수 있었다. 또 무슨 일에나 열성적이며, 끝없는 학구열은 주위 사람에게 귀감이 되고 일터에서 장수할 수 있는 밑거름이 되었을 뿐 아니라 KMA를 크게 성장시킨 원동력으로 작용했다고 생각한다. 부드럽고 성실한 매너로 뭇사람의 사랑을 받는가 하면 때로 매섭고 단호한 생활 태도로 외경심과 두려움마저 느끼게 하는 일면도 있는 것 같다.

어쨌든 누구도 하기 어렵다는 한길(한 직장), 그것도 40년이라는 긴 세월은 누가 뭐래도 정말 장하고 귀감으로 삼을 만한 일이다.

모쪼록 남은 세월도 오로지 KMA의 발전에 크게 이바지하고 건강한 심신으로 마음껏 뜻한 바를 펴 나가기를 간절히 바랄 뿐이다.

〈KMA 제4대 상근부회장〉

** 김정열 부회장님. 이 분은 만 10년 동안 저희들을 이끌어 튼튼한 기반을 닦아 주셨으며, 저를 그 후임으로 밀어 주셨습니다.

감사의 댓글

이 분은 전경련에 이사님으로 계시다가 저희 협회 상근부회장님으로 천거되어 오셔서, 10년여 동안 협회를 실무적으로 이끌며 지금의 체제를 만드신 '중흥의 조'이십니다. 인간적으로 매우 따뜻하시고, 특히 대인관계에서 아주 '잘 익은 배'처럼 그렇게 부드럽고 향내 나시는 분이라고 주변 회장단에서 칭송하는 말씀을 듣고 어찌나 부럽던지요. 친구 많기로는 아마도 이 분을 따를 분이 없을 것으로 봅니다. 저는 저의 성격상 특히 이러한 점을 언제나 부러움으로 느끼고 있었지요.

임기 10년을 채우시고, 직접 회장님께 청원을 드려 저에게 그 자리를 물려주신 고마운 분이십니다.

제 3 장

도움을 주신 분들, 고마우신 분들

인연과 만남을 소중히 여기는 모범적인 삶

김승호 金昇浩

1962년에 창립된 한국능률협회는 지난 오랜 시간 동안 국내 기업의 발전을 이끄는 성장 동력의 역할을 다하여 왔으며, 그 결과 한국 산업계를 대표하는 공익 기관으로 자리매김하였다. 그 같은 성과는 하루아침에 이루어진 것이 아니다. 협회에 몸담은 모든 관계자들이 기업 경영 전 부문에 걸쳐 부단한 연구와 대외 활동을 계속해 온 결과이다.

한국능률협회의 지속적인 노력과 성장의 역사를 되새겨 보면, 그 한가운데에 신영철 부회장이 자리하고 있다.

서울대 철학과를 졸업한 직후인 1963년, 신 부회장은 월간「비지네스」편집장을 맡아 기업계와 인연을 맺은 후 1966년부터 한국능률협회의 다양한 직책과 업무를 맡으며 오늘에 이르고 있다. 일찍이 협회지 편집장 · 개발사업부장 · 사내훈련본부장 · 교육사업부장 등의 궂은일을 도맡으며 협회 발전을 이끌었고, 상무이사 · 전무이사를 거쳐 1997년 이후 협회의 상근부회장직을 맡고 있다.

중요한 것은 신 부회장이 이처럼 다양한 부문에서 다양한 직책을 맡았다는 그 자체가 아니다. 신 부회장은 자신이 맡은 일이 어떤 분야, 어떤 종류의 것이든 스스로 열정과 성실을 다하여 그 일을 수행해 왔다. 특히 자신이 이룬 성과를 다른 이들 앞에 드러내기보다, 조용히 그 성과를 주변 사람들과 기업의 몫으로 돌릴 줄 아는 사람이다.

지난 40년 동안 한 우물을 고집해 온 신 부회장의 모범적인 삶은 그 자체만으로도 우리 모두의 귀감이 아닐 수 없다. 만약 신 부회장의 적극적인 활동과 역할이 없었다면 한국능률협회의 오늘도 없었을 것이다. 한국능률협회가 한국 산업계의 발전을 이끌어 온 주역이었음을 감안하면, 신 부회장이 한국 산업계에 끼친 영향 또한 지대하다고 할 것이다.

우리가 사는 세상에서 인연과 만남은 참으로 중요한 일이다. 개인이건 사회건 국가건, 우리는 서로를 잇는 값진 인연과 소중한 만남을 바탕으로 새로운 내일을 열어 간다.

나는 신 부회장이 한국능률협회와 맺은 인연, 그리고 그 인연을 바탕으로 수많은 기업들과 이어 온 만남이야말로 참으로 소중한 것이라고 생각한다. 신 부회장은 근면하고 성실하며 미래를 내다볼 줄 아는 안목을 가진 분이다. 그런 성품이 한국능률협회, 나아가 우리 산업계와 값진 인연의 끈을 맺었으며, 한 우물을 파는 그분의 열정을 바탕으로 지금까지 소중한 인연이 이어지고 있다.

개인적으로 신 부회장은 숭문고등학교 5년 후배가 된다. 그 같은 학연 덕에 여러 차례 만날 기회를 얻었으니, 그 또한 소중한 인연이라고 할 수 있다. 한국능률협회를 이끌어 가는 신 부회장의 열정을 잘 알고 있었기에, 그 분과 나누는 굳은 악수만으로도 언제나 든든한 마음이었다. 인연과 만남이 소중한 것은 그렇듯 서로간의 신뢰로 이어지는 가교가 되기 때문일 것이다.

신 부회장은 그 동안 아홉 권에 이르는 저서를 발간했다. 그 가운데는 개인적인 소회가 담긴 글도 있고, 기업 경영에 관한 값진 저술도 있다. 나 또한 졸고를 엮어 책을 낸 기억이 있는 사람으로서, 저서를 낸다는 일의 어려움을 어느 만큼은 알고 있다. 그런데 그 바쁜 협회 활동 가운데에서 아홉 권에 이르는 훌륭한 저서를 냈다는 것은 신 부회장이 가진 성실함의 산 증거가 아닐 수 없다. 저서를 통해 또 다른 만남을 가질 수 있었으니, 그 또한 값진 인연이 아닌가.

＊＊ 한국의 경영자상을 받으시고, 그 축하 모임에서 감사 인사를 하시는 장면 (전년도 수상자들과 함께).

몇 해 전부터 신 부회장은 국제미술협회 고문직을 맡고 있으며, 명사미술전에 참여하는 등 미술계에도 큰 관심과 열정을 보이고 있다. 이제 칠순의 문턱에 다다라 스스로 '미술'이라는 새로운 인연을 찾아 그 특유의 열정을 보이고 있는 것이다. 새로운 인연을 만들어 가며 그 인연에 충실하는 신 부회장의 모습에 진심 어린 박수를 보내고 싶다.

우리는 모두 '인연'을 맺고 '만남'을 가진다. 그러나 그 '인연'에 얼마나 충실하느냐에 따라 '만남'의 가치도 달라지곤 한다. 인연을 맺고 항상 그것을 소중히 하는 신영철 부회장의 모습이 그래서 더욱 아름답다. 그리고 내가 그 인연의 한 자락에 있다는 사실이 참으로 감사하다.

〈보령제약 회장〉

감사의 댓글

제약업계 한 분야에서 평생을 다하시고 육영사업에도 크게 힘을 기울여 수많은 영재들을 배출하신 원로 경영인의 한 분이십니다.
제가 다니던 고등학교의 대선배님이시자 총동문회 회장님으로서 크게 공헌하고 계신다는 것도 몇 년 전에서야 알게 되었습니다.
저희 협회 송인상 회장님과도 아주 각별하시어, 조찬회에 안 나오시면 꼭 저희들에게 안부를 물으시곤 하십니다. 그 동안 제가 이 어르신께 받은 따뜻하신 지도와 격려는 언제나 제 분수에 넘치는 것이었습니다. 근자에 한국의 경영자상을 받으신 것은 저에게도 기쁘고 영광스런 일이 되고 있습니다.

내가 아는 신영철 부회장

김동기 金東基

필자가 고려대학교 유진오 총장님의 간곡한 요청으로 고려대학교 상과대학(현재의 경영대학) 전임으로 부임한 해가 1965년이었다.

필자는 1957년 고려대학교 상과대학과 학술교류 협정을 체결하여 고려대에 와 있던 미국 미주리 주 워싱턴대학교 경영대학의 트럼프 학장과 라이던 바하 부학장의 조교로 1년 동안 일한 적이 있었다. 이 두 분이 미국 유학을 적극 권해 주었다. 당시 문교부가 실시한 '외국유학 자격시험'(국사와 영어)과 미 대사관에서 실시된 '도미유학생 영어시험'에 합격한 필자는 드디어 뉴욕대학교 경영대학원(지금의 스턴경영대학원의 전신) 석사 과정 입학 허가서를 받아 들고 뉴욕으로 날아갔다. 입학 2년 만에 올A로 석사 과정을 마치고 곧바로 박사 과정에 입학하여 한 학기를 마쳤을 때, 유 총장과 정수영 상과대 학장께서 편지를 보내왔다. 고려대가 한국 최초로 경영대학원을 만드는데, 고려대 출신으로 미국의 저명한 경영대학원을 다닌 교수 후보를 물색한다면서 필자가 제1후보로 선정되었으니 모교로 와 달라는 내용이었다.

필자는 초청해 주셔서 고마우나 이제 막 박사 과정 한 학기를 마쳤을 뿐이며 박사학위 과정을 끝마칠 때까지 귀국할 생각이 없다고 정중하게 모교 교수직 초청을 거절했다. 그러나 그 뒤 몇 차례에 걸친 편지와 전화를 통한 유 총장님과 정 학장님의 설득으로 일단 휴학을 하고 모교 교수로 부임하였다.

1965년 당시엔 미국에서 경영학을 전공한 한국인 유학생이 별로 없었기 때문에 고려대에 부임하자마자 경영학, 특히 마케팅 관련 교과서를 써 달라는 요청이 여러 출판사에서 들어왔다. 뿐만 아니라 각 기업체에서 미국 경영학의 최신 이론과 기법을 가르쳐 달라는 요청이 쇄도했다.

그 무렵 한국능률협회의 기관지 「현대경영」의 주간이었던 신영철 부회장이 어느 날 필자의 연구실로 찾아왔다. 「현대경영」에 '새 경영의 조류'라는 제목으로 매월 미국의 최신 경영 이론과 기법 · 사례를 연재할 테니 글을 써 달라는 부탁을 하러 온 것이었다.

필자는 그 자리에서 몇 번 사양하다 결국 승낙하고 말았는데, 그렇게 시작한 연재가 거의 5년이나 계속되었다.

그 뒤 필자가 직접 배웠던 세계적 경영학자 드러커 교수(Prof. Peter F. Drucker)가 쓴 『단절의 시대』(The Age of Discontinuity) 번역서의 감수를 맡았을 뿐만 아니라 능률협회가 주관하는 각종 산업교육 세미나의 강사로, 또 기업 진단의 컨설턴트로 참가하여 좋은 관계를 계속 유지해 왔다.

능률협회에서 그 후에 창간한 「Chief Executive」라는 월간 경영 전문지의 편집위원장으로 3년간(2002~2005) 봉사하기도 했고,

지금도 고문 자격으로 능률협회와 긴밀한 관계를 맺어 오고 있다.

약 40년간 능률협회와 관계를 맺으면서 가장 접촉이 많았던 분이 바로 신영철 부회장이었다.

옆에서 지켜본 바로는 신 부회장은 보통 사람이 따라가기 힘든 여러 가지 능력과 자질을 가진 분이었다.

첫째, 뛰어난 최고경영자로서의 자질과 능력을 지적하고 싶다. 초창기엔 능률협회가 자금 부족과 사업 부진으로 빚을 많이 져서 경영이 몹시 어려웠는데, 상근부회장으로 경영의 책임을 맡으면서부터 최고 CEO의 자질과 능력을 유감없이 발휘하여 그 빚을 다 갚았다. 뿐만 아니라 정부 보조금 한 푼 받지 않고 우리나라 최대 · 최고의 민간 산업교육기관으로 키운 그 능력과 공로는 칭찬과 존경의 대상이 되고 있다.

둘째, 외유내강의 성격을 갖고 누구에게나 겸손하다. 윗사람을 깍듯이 모시고 아랫사람들에게는 온화한 미소로 친밀감을 느끼게 만드는 친화력은 신 부회장의 인격과 인품을 잘 나타내는 특징이라고 할 수 있을 것 같다.

셋째, 각종 교육 프로그램과 컨설팅을 통해 신 부회장이 보여주고 있는 소프트웨어의 질과 양, 그리고 혁신력 · 지식력 · 판단력의 우수성이다. 이러한 능력이야말로 능률협회를 한국 제1의 민간 산업교육기관 내지 컨설팅 기구로 성공시킨 요소라고 말해도 결코 지나친 말은 아닐 것이다.

넷째, 신 부회장의 리더십은 군대 지휘자의 리더십 같은 것이 아니라 심포니 오케스트라의 지휘자(컨덕터) 같은 리더십으로, 매우 바람직한 유형이라고 할 수 있다. 불협화음을 내기 쉬운 많은 악기들을 명지휘로 조율해 아름다운 화음을 만들어 내는 지휘자처럼, 학교에서의 전공이 다르고 경력이나 업무 수행 스타일이 다른 수백 명의 직원들을 일사불란한 팀워크로 잘 엮어 내는 신 부회장의 리더십은 바로 큰 교향악단의 명지휘자 같은 리더십이다. 그는 지금도 쉴 새 없이 직원들의 업무 생산성을 높여 능률협회 발전에 크게 기여할 수 있도록 이끌어 나가고 있다.

이제 신 부회장 없는 능률협회는 생각하기 어렵게 되었다. 다만 한 가지 걱정스러운 것은 너무 협회를 위해 주야로 뛰다 보니 건강이 옛날 같지 않다는 사실이다. 앞으로도 계속 건강하게 능률협회의 발전을 위해 노력해 주실 것을 바라면서 이만 붓을 놓는다.

〈고려대 석좌교수 · 대한민국 학술원 회원 · 경영학 박사〉

** 제가 김동기 박사님 (오른쪽)과 함께 꽃을 달고 나란히 앉아 찍은 사진은 오직 이것 한 장 뿐이었습니다.

감사의 댓글

우리나라 경영학계의 원로 교수님으로서 이 분만큼 저희 협회의 각종 행사에 두루 참여해 주시고, 또 저희들이 발행한 잡지에 그토록 많은 기고를 해 주신 분은 제 기억으로는 없으실 것으로 생각됩니다.

이 분을 처음으로 만나뵙게 된 것은 거의 60년대 중반, 고대기업경영연구소의 소장님실에서였던 것으로 기억됩니다.

몇 차례 학교로 찾아뵈러 다니면서 이 분이 최신 경영학을 새로 익히고 오신 신진기예이실 뿐만 아니라, 어렸을 적 저희들이 「학원」이라는 잡지에 미쳐 있을 때, 해마다 한 번씩 열리는 '학원문학상'에서 장원을 하신 분임을 제가 기억해 냄으로서 더욱 가까이 모실 수 있게 되었습니다 (그 시를 새긴 '시비' 가 최근 안동고등학교 교정 안에 세워졌답니다).

근자에 제가 고려대와의 오랜 인연에서 비롯한 국제대학원의 경영자과정을 수료하고 이미 3년 동안 제2기 동문회장을 맡아 보는 것도 이 분과의 아름다운 인연에서 비롯된 일로 생각하고 있습니다.

늘 정열적으로 다방면에 걸쳐 활동하시는 가운데 저희 협회 일이라면 언제나 앞장서 돌보아 주신 이 분의 지원 덕분에 오늘의 저희들이 이 땅에 서 있습니다. 감사드립니다.

소리 없이 일하시는 분!

송 자 宋梓

능률협회와 처음 인연을 맺은 시기를 정확하게 기억할 수는 없으나 많은 분들의 얼굴이 기억난다. 그 가운데 언제나 뚜렷하게 웃음을 머금고 조용히 다가오는 얼굴이 있으니 그 분이 바로 신영철 부회장이시다. 소리 없이 조용히, 그 많은 어려움 가운데에서도 모든 것을 극복하시고 오늘의 튼튼한 '한국능률협회'를 이루어 놓으신 분으로 나는 기억하고 있다. '한길 40년'을 걸어오신 신영철 부회장님께 우선 축하의 말씀을 드리고 싶다.

한 직장에서 40년을 한결같이 일하여 평생직장을 가진다는 것이 그렇게 쉬운 일은 아니다. 학교 선생님이나 공무원 같으면 몰라도 일반 직장에서 40년의 평생직장을 가졌다는 것은 축하받을 큰 일이라고 생각한다. 특히 뚜렷한 주인도 없는 기관을 맡아 거의 무에서 유를 만들어 낸 주인의식은 대단한 일로 칭찬받아 마땅하다. 요란하거나 별로 큰 소리도 없이 어려운 고비 고비를 넘겨 오늘의 튼튼한 능률협회를 이룩해 놓으신 수고와 지혜로운 지도력은 능률협회의 역사와 같이 오래 기억될 것이다.

내가 지금까지 살아오면서 가까워진 분들은 크게 두 가지로 다른 유형의 분들이다. 한쪽은 나와 대화를 많이 하면서 가까워진 분들이고, 다른 하나는 거의 대화가 없는데도 가까워져 서로의 생각을 공유하고 있는 분들이다. 신영철 부회장님은 별로 대화를 나누지 않아도 서로의 생각을 알고 협력하시는 분이다. 먼저 말씀하시는 법도 거의 없으면서 상대방과 의견을 조율하는 능력을 가지고 계시다.

어찌 되었든 한국능률협회의 실질적인 터줏대감이 되신 신영철 부회장님을 나는 '너무 조용한 분', '웃음을 잃지 않는 분', '모든 일을 뒤에서 처리하는 분'이라고 기억하고 싶고 다른 분들께도 그렇게 전하고 싶다. 빈틈없는 자세로 한길 40년을 걸어오신 신영철 부회장님을 가까이 할 수 있었던 인연을 나는 매우 자랑스럽게 생각한다. 이러한 인연 때문에 한국능률협회를 통하여 많은 것을 배웠다. 우리는 '벤치마킹'이라는 말을 자주 쓰는데 나는 신영철 부회장님을 벤치마킹하려고 한다.

첫째로 나도 신영철 부회장님처럼 조용히 일을 처리하는 버릇을 길러야겠다. 나는 신영철 부회장님이 한국능률협회를 이끌어 가시면서 큰 소리로 말씀하시는 것을 한 번도 듣거나 본 기억이 없다. 같은 목적을 이룰 수 있다면 큰 소리를 하는 것보다 조용한 가운데 일을 처리하는 편이 훨씬 좋은 것이다. 옛날부터 빈 수레가 더 요란하다고 하였다. 신영철 부회장님은 분명히 빈 수레가 아니고, 한국능률협회의 무거운 짐을 묵묵히 소리 없이 싣고 오셨고 또 실어 가고 계신다.

둘째로 웃음을 잃지 않는 삶의 자세를 지녀야겠다. 요즈음 미국의 풋볼 영웅 하인스 워드가 사람을 끌어당기는 웃음을 지녔다고 칭찬이 자자하다. 또 웃음은 만병통치약이라고 강의를 해 유명해진 분도 있다. 분명히 웃는 것은 좋은 일 같다. 신영철 부회장님처럼 웃음을 생활화하면 본인을 위해서도 좋고, 주위 사람들을 편하게 해서도 좋은 것 같다. 웃음은 무엇보다도 분위기를 부드럽게 하여 같이 일하는 사람들을 편하게 해 준다.

셋째로 신영철 부회장님처럼 모든 일을 뒤에서 조용히 처리하면서 주위 사람을 앞세워 주는 아름다운 삶의 자세가 좋다.

모든 일을 내가 했다고 자랑하는 것은 오래 가지 못한다. 실제로 일을 다 하고도 상을 받지 않는 것은 쉬운 일이 아니다. 그러나 이러한 자세는 조직을 공고히 하고 팀워크를 이루어 나가는 데 가장 중요한 덕목이다. 오늘의 한국능률협회가 만들어지기까지 신영철 부회장님의 이러한 삶의 자세가 큰 기여를 했다고 본다.

정말로 '한길 40년' 은 쉽지 않은 삶의 역사다. 신영철 부회장님이 평생 땀 흘리고 수고하신 한국능률협회가 감사 표시로 40년의 '만남' 을 기억하게 하려고 하니 아주 좋은 기획이다. 부족한 나도 참여하게 해 주신 편집위원들에게 감사드리며, 신영철 부회장님께서 계속 좋은 일을 많이 하실 수 있으시기를 기원하겠다.

〈(주)대교 회장 · 전 교육부 장관〉

＊＊ 한국의 경영자상 심사위원장님으로서, KMA위원회 총괄위원장님으로서 전체를 대표해 주고 계십니다.

감사의 댓글

이 분께서 오랫동안 저희 협회 한국의 경영자상 심사위원장님으로 수고하시면서 한국능률협회 총괄위원장님으로 막중한 역할을 담당하시는 것은 결코 어느 한두 분의 의사에 따라서만 그리 되신 것이 아니라고 봅니다.

저희들이 주최하는 모든 경영자 세미나에서 언제나 가장 높은 평가를 받으시고, 각종 프로젝트의 내용을 자문해 주실 때도 언제나 올바르고 가치 있는 방향을 설정해 주시는 등 상하좌우 어느 측면에서나 그 신뢰가 깊이 쌓여진 결과일 것입니다.

대학에 계신 분 가운데 그 동안 실무적으로도 가장 많은 도움을 주신 분이 아마도 이 어르신이라고 믿고 있습니다.

저희 그룹의 실무진 가운데서 가장 존경받고 계신 분이 바로 이 분이라고 제가 감히 단언합니다.

내가 만난 신영철 부회장

박내회 朴乃會

신영철 부회장님과의 처음 만남은 1974년경으로 생각된다. 내가 한국 대학 강단에 발을 딛은 가을, 한국능률협회에 계신다는 몇몇 임원분들과 함께 월간 「현대경영」이라는 잡지를 가지고 오셔서 향후 한국 산업계에 지식을 전달할 수 있는 방법을 구상 중이라고 하셨다.

월간 「현대경영」은 선진경영 사례와 새로운 경영 이론을 소개하는 소위 경영 전문 잡지였다. 그러나 한국의 기업 토양이 이들을 소화시킬 수 있는 풍토도 아니었고, 아직도 기업 경영은 주먹구구 방식에서 벗어나지 못하였다. 학계에서마저 경영학의 이론이 체계적으로 정립되어 있지 않아 실제 선진 기법이 우리 기업에 직접 도입 적용될 수 있는 가능성은 매우 희박하였다.

그럼에도 신 부회장님께서는 당시 월간 「현대경영」의 편집장으로서 한국 기업 경영의 선진화라는 명제에 확고한 신념과 사명감을 갖고 어려움을 헤쳐 나가는 모습을 보였다. 그 후 이따금 뵙게 되면 항상 부드럽고 겸손하면서도 강한 의지력으로 일하시면서 상대방에 대한 감사의 말씀을 꼭 잊지 않으시는, 누구에게나 편안함을 주시는 분이었다.

그러나 신영철 부회장님의 경영 리더십과 인간적 측면을 깊게 이해할 수 있었던 만남은 1996년 가을, 10여 일 동안 이루어진 세계 초일류 컨설팅 회사의 벤치마킹 여행이었다. 내가 관여하고 있던 BCG를 위하여 2~3개의 컨설팅 회사를 선정, 직접 눈으로 보고 배우면서 향후 KMAC에 획기적인 변화를 기하겠다고 결심하신 것 같았다. 글로벌화되어 가는 상황에서 순수 토종 컨설팅 회사가 향후 국제경쟁력을 가질 수 있는 길은 오직 상대방을 철저히 아는 것뿐이라고 생각하신 것이다. 아마 당시에 KMAC로서 제2의 창업을 기하겠다는 확고한 신념으로 글로벌 기업을 이해함과 동시에 자체 내부혁신을 추진하고자 하셨던 것 같다.

신 부회장님은 본인을 포함해 10여 명의 젊은 컨설턴트들을 선발하여 보스턴에 있는 BCG를 첫 방문했다. 당시 BCG의 존 크락슨 회장과 면담하시면서 초일류 컨설팅 회사의 CEO로서의 역할과 책임이 무엇인가 등에 대한 많은 대화를 나누셨다. 지금도 당시의 만남이 오늘날 KMAC의 행로에 많은 도움이 되었다고 회고하신다.

내가 신 부회장님의 진정한 CEO로서의 리더십을 깊게 알 수 있었던 것은 보스턴을 떠나 뉴욕, LA 등지에서 하루하루를 같이하면서였다. BCG 본사에서 하루 종일 세미나와 워크숍을 마치고 저녁을 하면서 신 부회장님은 동행한 10여 명의 컨설턴트들에게 주요한 과제를 제시하셨다. 즉 앞으로 10여 일간 미국의 각 도시를 거쳐 가면서 한국에 도착할 때까지 향후 KMAC가 경쟁에서 살아남고 발전하기 위해서는 무엇을 어떻게 할 것인가에 대한 구체적인 안을 합의하여 서울 도착과 동시에 실행에 옮기자고 제의하셨다.

그 날부터 미국 관광은 생각지도 못하고 여행 일정에 따라 각 도시의 호텔 회의실을 빌려 격론을 벌이기 시작했다. 토의 시간이 자정을 넘기는 경우도 많이 보았다. 그러나 컨설턴트들이 서로 다른 부서에서 왔고 상호 이해관계가 상충되어 쉽게 합의점을 찾지 못하는 것 같았다. 일주일이 지나도록 서로 결론에 달하지 못하고 LA에 도착, 서울로 돌아가는 일자가 점점 다가오기에 넌지시 신 부회장님께 본인의 뜻을 물었다.

"부회장님, 괜히 일주일 동안 컨설턴트들로 하여금 속마음을 다 털어놓으라고 해서 오히려 서로 갈등과 분열만 커진 것 같습니다. 쉽게 부회장님의 의중을 말씀하시어 따르게 하면 어떨까요?"

그러자 신 부회장님께서는 이렇게 말씀하셨다.

"그렇게 하면 아주 쉽겠지요. 그러나 그렇게 하면 이번 여행의 의미도 없을 뿐 아니라 조직에 전혀 도움이 안됩니다. 향후 KMAC를 이끌어 갈 수 있는 사람을 제대로 묶어서, 시간과 고통이 따르더라도 본인들 스스로가 비전과 목표를 결정하고 그것을 모두와 공유하면서 스스로 주인의식을 가지고 행동할 수 있게 하는 것이 본인의 사명입니다."

그러면서 토의 과정에서 본인이 직접 영향을 줄 수 있는 자기 의사를 표명하지 않되, 단 합의된 목표를 추진하는 데 있어서 지원책 마련에는 최선을 다하겠다는 말씀을 여러 번 강조하셨다. 더 나아가 목표 달성 과정에 걸림돌이 될 수 있는 요인, 즉 집단 이기주의

나 저항 요인이 있으면 과감하게 제거하겠다고 말씀하셨다.

지금 생각하면 그 일은 신 부회장님의 진정한 리더십을 엿볼 수 있었던 기회였다. 즉 신 부회장님은 당시에 변화와 혁신의 필요성을 누구보다도 깊게 인식하고, 혁신을 추진할 수 있는 사내 인재를 한데 모아 이들로 하여금 스스로 혁신에 대한 강한 믿음을 갖게 하는 동시에 조직 혁신이 체질화될 수 있도록 유도하셨던 것이다. 그리고 그 결과 오늘의 KMAC가 있게 되었다고 나는 확신한다.

신영철 부회장님은 인간적 측면에서도 남다른 특유의 면이 있다. 지난 40여 년 동안 그 많은 공적을 쌓으시면서도 절대 본인을 앞세우지 않고, 항상 뒷전에서 겸손과 겸양으로서 대인관계를 나누고 계신다.

** 이 분은 언제나 저희들의 후방에서 소리 없이 저희들을 실제적으로 지원해 주셨습니다 (왼쪽).

남에게 강요하지 않고 스스로 깨닫게 하면서 상대방을 기다리시는 모습은 잔잔하게 소리 없이 흐르는 큰 강물의 성품과도 같다. 부하들에게도 질책보다는 칭찬으로 후덕한 카리스마를 보이면서 스스럼없이 다가서는 그의 모습에서 오늘도 나는 KMAC의 미래를 본다.

〈서강대 명예교수 · 경영학 박사〉

감사의 댓글

이 분은 제가 한국능률협회컨설팅의 사장으로 취임한 다음 저희 회사의 비전을 새로 만들고 사업 전략을 구체적으로 구상해 가는 컨설팅을 받을 때 책임위원으로 위촉되신 것이 저희들과 함께 일하시는 계기가 되었습니다. 여러 전문가와 교수님들이 거론되셨지만 제가 최종적으로 이 분을 초빙한 것입니다.

일찍이 IMI에서 경영자 교육과정을 처음으로 입안하실 때 그 과정의 구상과 설계를 위해서 2년 동안 직접 참여해 완성해 주신 것을 제가 알고 있었고, 실무적으로도 합리적이고 조용한 리더십 스타일이 저희들과 영원한 동반자 관계를 이루어 가기에 가장 적절한 분이라고 믿었기 때문입니다. 그 후 제가 젊은 컨설턴트 후보자들과 실무자 10명과 더불어 미국 컨설팅 분야의 벤치마킹 연수를 떠날 때 이 분을 함께 모시고 갈 수 있었던 것이 오늘의 KMA 그룹의 인프라를 구축하는 획기적인 계기가 되었습니다. 현재 저희 협회 고객만족경영학회의 회장님으로서 고객만족경영대상 심사위원장님으로 수고해 주고 계시며, 저희 그룹에서 운영하는 WHARTON SCHOOL의 주임교수 역할을 성공적으로 수행하며 이끌어 주고 계십니다.

겸손한 리더

유상옥 俞相玉

1955년 이 땅에 경영학이란 생소한 학문이 도입되었다. 이 해 고려대학교에서 경영학과 학생을 모집한 것이 그 시작이었다.

6 · 25 전후 자유당과 민주당에 이어 5 · 16 혁명이 일어나는 격동 속에서도 경영학을 배우고자 하는 열망이 가득하던 시절, 한국능률협회는 기업 경영의 기법을 성인들에게 교육시키는 교육기관으로 출발하여 산업인력 양성에 크게 공헌하였다.

오철구 전무가 능률협회의 실무 책임자로 협회를 이끌어 오다가 흑자경영연구소를 차리고 퇴임한 후, 나의 고려대학교 동기인 이회대 교우가 어려운 살림을 이끌어 오다 퇴임했다. 바로 그 무렵에 신영철 부회장이 능률협회에 입사한 것으로 기억한다.

성인 교육기관이란 예나 지금이나 수지가 맞는 일은 아니어서 당시 신영철 님의 고난은 매우 컸다. 어려운 여건하에서도 신 부회장은 뛰어난 역량을 발휘, 송인상 회장님의 탁월한 리더십을 잘 받들어 한국의 성인 교육기관 중 으뜸으로 이끌어 오셨다.

많은 업적 중에서도 뛰어난 것은 69년부터 한국의 경영자를 선발하여 한 해도 거르지 않고 시상하고 있으며 각 분야의 우수기업 시상제를 운영하여 우수기업, 모범기업을 표창하고 또한 우수상품을 찾아내어 시상하는 등 이 땅에 기업 분야의 시상 제도를 개발해 온 일이다. 또한 각종 세미나와 컨설팅 산업 시찰 등 기업 발전을 위해 선도적으로 지원을 다하는 데 신영철 부회장의 역량이 발휘되었다.

1993년 시작한 히트상품 대상이 하이트 맥주, 에이스 침대, 코리아나 머드팩에게 주어졌다. 나는 월급쟁이 30년을 한 우물에서 끝내고 늦은 나이에 창업한 지 5년 만에 그 큰 상을 받았다. 나와 회사 전 직원이 크게 고무된 것은 물론 장족의 발전을 이룩하는 데 큰 힘이 되었다. 그 후 마케팅위원장을 맡아 소비산업의 CEO들과 교류를 나누었으며 2003년에는 영광스러운 한국의 경영자상을 받았다.

** 언제나 자상하시고 도의적으로 올바른 길만을 강조하시는 분이십니다. 제가 인사차 뵈러 갈 때마다 한결같이 따뜻하게 대해 주십니다.

매월 조찬회 때마다 조용한 미소로 맞아 주시는 신 부회장의 따뜻한 손길은 고령의 송인상 회장님과 더불어 많은 회원들의 아침잠을 깨워 주고 있다.

40년의 짧지 않은 세월 동안 한 직장에서 한 우물을 파면서 이 나라 산업 발전에 이바지하며 산다는 것이 절대로 쉬운 일이 아니었으리라. 한 기관을 이끌면서 여러 가지 우여곡절을 슬기롭게 타개하여 오늘날까지 능률협회가 산업 발전에 커다란 공헌을 하게 하신 신 부회장님의 노고를 크게 치하드리고, 건강을 잘 다지시어 더욱 정진하시길 기원한다.

〈코리아나화장품 회장〉

감사의 댓글

우리나라 제1의 제약기업인 동아제약에 공채 1기로 입사해 30년 가까운 세월 한 우물을 파시다가 55세 다 늦은 연세에 화장품 회사인 코리아나를 창업, 그 방면에서 크게 대성하신 입지전적 인물이십니다.

문필과 예술 분야에도 특히 뛰어나시어 『화장하는 CEO』를 비롯한 저술도 연달아 출간해서 히트를 하셨습니다. 요즘은 필생의 소망이셨던 우리나라 초유의 코리아나화장품 미술박물관을 만들어 전력을 다해 키워 가고 계신데, 그 열정과 애정이 보통이 아니십니다.

KMA 마케팅위원회의 위원장님으로 큰 기반을 닦아 주셨고, 우리나라 경영자로서는 최고의 영예인 한국의 경영자상을 받으셨습니다.

늘 만나고 싶고, 또 만나고 싶은 사람

윤석금 尹錫金

아주 오래전 철학자 안병욱 선생님께서 이런 말씀을 하신 적이 있습니다. '싫어하는 사람과는 10리도 못 가서 다리가 아프지만, 좋아하는 사람과는 1백 리를 가도 다리가 아프지 않은 법' 이라고요. 신영철 부회장님을 처음 만난 것이 10여 년 전인데 늘 만나는 것이 반갑고, 더 가까이하고 싶은 마음이 들곤 합니다. 온화하고 따뜻한 시선으로 전해 주시는 기업 안팎의 새로운 소식에 많은 도움을 받고 있기 때문입니다.

신영철 부회장님께서 한국능률협회에 몸담은 지 40년이 되었다는 것은 우리나라 기업의 역사를 40년 동안 함께 써 오셨다는 말과 같습니다. 해방과 전쟁을 겪은 우리 민족이 굶주림과 헐벗음을 벗어나 경제 발전을 이룩한 기간이 대략 50년 정도입니다. 그 중 40년을 기업 속에서, 기업과 함께하신 신영철 부회장님 같은 분이 계시다는 것은 경영자들에게 참으로 든든한 일이 아닐 수 없습니다.

평소 신영철 부회장님을 만나면 배우고, 또 확인하는 것이 하나 있습니다. 그것은 상대방의 말을 들어주는 경청의 자세입니다. 설사 연배가 낮은 사람을 만나더라도 그 자세는 변함이 없습니다. 신영철 부회장님은 늘 겸손하고 진지한 태도로 상대방의 이야기를 끝까지 듣고 그에 대해 의견을 나누는 자세가 몸에 배어 있는 분이십니다. 경청은 다른 사람의 이야기를 들어주기 위해 눈을 맞추고 관심을 맞추는 과정을 통해 상대방과 마음을 맞춰 가는 것입니다. 사람의 입이 하나이고 귀가 두 개인 것은 말하기보다 듣기를 더 많이 하라는 뜻이라고 합니다. 자기 이야기를 잘하려는 사람은 많아도 다른 사람의 이야기를 잘 들어주기 위해 애쓰는 사람은 드문데 신영철 부회장님이 바로 그런 분이 아닌가 합니다. 그래서 신영철 부회장님을 만나면 그 자세와 인품 속에서, 굳이 가르치려고 하지 않으시는데도 많은 것을 배우게 됩니다.

＊＊ 대한민국 산업계 전반에서 이 분을 모르는 분이 계시겠습니까? 언제 어디서나 열정적이신 윤석금 회장님.

신영철 부회장님이 근무하시는 동안 한국능률협회는 눈부신 발전을 했습니다. 현재 한국능률협회는 기업에게 없어서는 안될 동반자이며, 세계와 경쟁해야 하는 한국 기업에게 경영 혁신과 경쟁력 강화의 자극제가 되어 주고 있습니다. 한국능률협회 44년의 역사에 40년을 함께하셨다고 하니, 한국능률협회의 발전은 신영철 부회장님이 계셨기에 가능했던 일이라 여겨집니다.

고희의 연세에도 불구하고 여전히 현역에서 왕성하게 활동하시는 모습이 참 보기 좋습니다. 현장을 뛰어다니시고, 회원사를 방문하여 경영자들의 이야기를 듣고, 경영자들에게 도움을 주는 신영철 부회장님의 모습은 늘 깊은 감동을 줍니다. 앞으로 10년, 그리고 또 10년이 흐른 뒤에도 신영철 부회장님과의 만남을 계속하고 싶습니다. 지금과 같이 건강하고 아름다운 모습으로 늘 함께하고 싶습니다.

〈웅진그룹 회장〉

감사의 댓글

"사랑하고, 또 사랑하고, 또또 사랑하라." 이것이 웅진그룹의 경영정신 '또또사랑'의 기본 정신입니다. 이 분만큼 독특한 기본 철학을 정립, 그 정신 아래 기업을 알차게 이끌어 가는 경영자는 세상에 그리 흔치 않을 것입니다. 무엇보다도 앞서 종업원 전체와 조직이 신바람 문화로 똘똘 뭉쳐 탁월한 업적을 이루어 내도록 하는 독특한 경영 리더십은 짧은 기간에 웅진을 재계 전체에서 부동의 위치를 차지하게 만드는 원동력이 되었습니다. 그 동안 우리나라의 거의 모든 CEO상을 다 휩쓰셨고, 2004년 한국의 경영자상도 받으셨습니다.

따뜻한 미소와 언제나 겸허하신 분

김동수 金東洙

지금의 한국능률협회가 있기까지 40년 동안 외길을 걸어오신 신영철 부회장님을 빼놓을 수 없다.

한국능률협회가 한국 최고의 컨설팅 전문기관으로 자리매김하기까지 함께 동고동락하신 신영철 부회장님은 많은 기업과 경영자들에게 아낌없는 격려와 질책을 해 주셨다. 특히 바쁜 업무 중에도 번역은 물론 다수의 책을 저술하시는 신 부회장님을 뵐 때마다 감탄을 멈출 수 없었다. 그 중 몇 권의 책을 나도 흥미롭게 읽은 것 같다.

업무로 바빠 자주 뵙진 못했지만 가끔 뵙는 신 부회장님은 항상 미소를 머금고 계신 분이다. 비단 나뿐 아니라 어느 자리에서 누굴 만나시든 변치 않는 그 분의 미소는 업무적이 아닌, 인간적으로 가슴에 와닿는 따뜻한 미소이다. 때문에 신 부회장님 곁에는 좋은 사람이 떠나지 않는 것 같다. 나 또한 이런 신 부회장님과 만남을 갖게 된 것이 자랑스럽다.

'한길 40년' 이라는 책을 출간한다고 원고를 부탁받았을 때 신 부회장님의 온화하신 성품과 겸허하심을 꼭 말하고 싶었다.

겸허하다는 것은 성실한 마음으로 공공의 시선이나 박수갈채를 구하지 않고, 자기가 얼마나 드러나는지에 상관없이 선한 일을 하는 데에서 기쁨을 찾는 것이라고 한다. 바로 신 부회장님이 한국능률협회를 40년간 이끌어 오면서 일관되게 보여 온 모습 그대로라고 생각된다.

높은 위치에 있다고 해서 권위적이지 않고, 어떠한 대가를 바라고 한국능률협회를 키워 오지도 않으셨다. 오직 젊은이들에게 꿈을 심어 주고 한국 산업의 발전을 목표로 달려오신 신 부회장님의 겸허하심을 기업을 운영하는 CEO들도 본받았으면 한다.

다양한 분야에서 다양한 직책을 맡은 가운데에도 자기개발을 게

＊＊ 한국의 경영자상 수상 기념식장에서 감사 인사 말씀을 하시는 김동수 회장님.

을리하지 않고 많은 후배 및 기업가들에게 조언을 아끼지 않으시는 신 부회장님을 나는 존경한다. 앞으로도 신 부회장님과 함께 한국능률협회가 더욱 발전하길 바라며, 부족하지만 『한길 40년』에 참여하게 된 점에 감사를 드린다.

〈한국도자기 회장〉

감사의 댓글

단단한 장인정신과 기업가 정신으로 도자기 부문에서 세계 최정상의 기업을 이룩해 내신 분으로, 이 분의 경영철학이 오늘의 한국도자기를 만들어 낸 원동력이 되었다고, 아는 이들은 말합니다.
부채 없는 경영과, 직원들의 행복을 위한 효도경영, 그리고 깨끗한 마음가짐 · 깨끗한 환경 창조를 3대 모토로 하는 견실 경영이 뒷받침된 회사 경영이 그 성장의 초석이 되었다고 봅니다. 아마도 단단하신 체력과 건강 체질이 그 사상을 뒷받침해 온 것으로 생각합니다.
그 동안의 노고와 공로로 국민훈장 동백장과 금탑산업훈장, 그리고 한국의 경영자상을 받으셨습니다. 저희 협회 시상식이 끝나고 재계와 학계 · 관계 등 여러 귀빈이 모여 만찬을 하는 자리에서 막간을 이용해 세 손가락으로 열 번 이상 팔굽혀펴기를 해 보이신 일화는 지금도 많은 분들에게 감동으로 남아 전해지고 있습니다.
그 탄탄하신 체력과 더불어 무차입경영이라는 기업 체질, 그리고 세계 최고 수준의 제품을 만들어 내는 끊임없는 노력 앞에 저절로 머리가 숙여지게 하는 그런 분이십니다.

정작 경영자상을 받아야 할 사람

윤병철 尹炳哲

신영철 한국능률협회 부회장을 떠올릴 때면 외유내강이란 바로 이런 사람을 두고 하는 말이구나, 하는 생각이 절로 든다. 얼굴 표정은 늘 부드럽고 온화하며 다른 사람을 만날 땐 한없이 겸손하다. 하지만 정작 자신에게 적용하는 잣대는 엄하기 이를 데 없고, 일을 할 때 눈 딱 감고 밀어붙이는 솜씨를 보면 전혀 딴사람을 보는 것 같다. 매우 심지가 굳다. 그의 그런 모습은 예나 지금이나 한결같다.

신 부회장을 만난 지는 40년이 넘는다. 서울대 철학과를 나온 그가 1960년대 초 월간 「비지네스」에서 편집장으로 뛸 때, 전경련에서 일하고 있던 필자가 편집위원으로 참여하면서 기나긴 인연을 맺었다. 이후 능률협회가 1966년 창간한 경영 전문잡지 「현대경영」에서 편집장과 주간으로 활동할 때에도 많은 교유가 있었다.

기자 시절부터 그는 '사람을 통한 세상의 변화와 발전', 즉 산업 인재 양성과 경영 혁신을 평생 자신이 해야 할 사명으로 생각했던 것 같다. 초창기 능률협회가 살림을 꾸려 가는 데엔 어려움이 적지 않았다. 지금이야 능률협회가 하는 일, 즉 기업이 필요로 하는 마케팅 · 경영 기획 · 리더십 강화 같은 산업 교육, 그리고 생산 관리 · 품질 경영 · 인사 조직에 대한 경영 컨설팅 등이 널리 알려져 있지만 당시는 시장도 수요도 거의 없었으니 그 어려움은 말할 수 없었다. 그러다 보니 조직을 떠나는 사람도 있고 능률협회의 존속 여부조차 불투명한 시절도 있었다. 그때 신 기자는 '나 혼자라도 능률협회를 지킬 것' 이라고 의욕을 불태웠다. 산업인재 교육과 경영 혁신을 통한 세상의 발전에 대한 그의 집념이 얼마나 대단했는지를 미뤄 짐작할 수 있다.

고난과 역경은 뜻이 약한 사람에겐 병이 되지만 심지가 굳은 사람에겐 오히려 약이 되는 법. 능률협회를 둘러싼 초기의 척박한 환경은 오히려 그의 도전 의욕에 불을 질렀다. 학구열과 탐구심이 강한 그는 기업 경영 개선과 산업인재 양성에 필요한 갖가지 자료를 모으고 콘텐츠를 개발해 나가는 한편 두 가지 '1만 운동' 을 벌였다. 그 하나는 하루에 1만 보를 걷는 것이고, 다른 하나는 평생 동안 1만 개의 기업을 방문해 능률협회가 하는 일을 널리 알리고 협조를 얻는다는 구상이었다. 기업 방문은 하루도 거르지 않는 일정이 되었으니 이제 그를 모르는 기업인이 없다고 해도 과언이 아니다.

그가 쏟은 이런 땀과 정성은 1980년대 말 산업인력의 해외연수 프로그램이 본격 가동되고 1990년 기업체에 대한 각종 경영 컨설팅을 위해 한국능률협회컨설팅을 설립해 대표이사를 맡으면서 활짝 꽃피우게 된다. 협회의 세력은 몰라보게 확장됐고 각종 사업도 가속도를 붙이게 됐다. 한마디로 능률협회의 산증인이자 대들보라고 할 수 있다.

특히 한국능률협회컨설팅이 하는 일은 우리의 손으로 우리 기업의 생산과 품질 관리 등 기업 경영 전반에 대한 혁신 방안을 알려주는 이른바 '토종 컨설팅'으로서 이 땅에 경영 컨설팅 붐을 일으켰고, 우리 기업의 경영을 선진화하는 데 지대한 업적을 남겼다. 경영 컨설팅이 현재 상황과 미래의 기대치 사이에서 발생하는 격차를 메우는 방법을 구체적으로 제시해 시스템을 뜯어고치는 일이고 보면 '사람을 통한 세상의 변화'라는 그의 오랜 염원에도 딱 들어맞는 일이다.

직원들에게 '보는 만큼 산다'며 견문과 시야를 넓힐 것을 강조하는 신 부회장은 남이 보지 못하는 것을 미리 내다볼 줄 아는 사람이다. 파이낸셜 플래닝과 CFP(국제공인 재무설계사)는 이제 소비자 금융의 대세로 자리잡고 있으며 금융계 종사자들이 기회만 있으면 따고 싶어하는 자격이 됐다. 그러나 1990년대 후반에는 금융계의 CEO들조차 FP의 필요성을 제대로 이해하지 못했다. 당시 나는 능률협회 산하 금융발전위원회 위원장을 맡고 있으면서 금융인재의 교육에 대해 신 부회장과 많은 의견을 나누었다. 이 과정에서 신 부회장은 능률협회가 인증사업의 일환으로 추진해 오던 CFP제도에 대해 '사회가 필요로 하는 일은 그것을 훌륭하게 성취할 수 있는 사람이 하는 것이 좋다'며, 필자가 중심이 되어 한국FP협회 설립을 추진하도록 물심양면의 지원을 아끼지 않았다. 이후 교재 개발에도 많은 후원을 했다. 항상 미래를 앞서 내다보고 나보다 사회의 공익을 우선하는 선이 굵은 생각과 결단은 언제 봐도 우뚝하고, 개인적으로도 항상 감사하다는 생각을 잊지 않는다.

어려운 환경 속에서 능률협회를 본궤도에 올려놓고 우리 경영계와 산업계에 끼친 사회적 공로가 지대한 그를 가까이서 지켜보면서 나는 항상 신 부회장이야말로 경영자가 갖춰야 할 혁신적인 아이디어와 결단력, 추진력을 두루 갖춘 최고의 경영자란 생각을 하고 있었다. 그 무렵 「한국경제신문」은 해마다 '다산 경영자상'을 주었고 나는 심사위원장을 맡고 있었다. 나는 신 부회장을 적극 추천했다. '기자로 출발해 온갖 난관을 헤쳐 내면서 능률협회를 키웠을 뿐 아니라 각종 교육사업과 연수 프로그램 등으로 국가 경제 발전에 크게 기여한 신 부회장의 공로야말로 사회가 인정해 줘야 한다'고 심사위원들을 설득했다. 그러나 능률협회의 역할과 활약상에 대한 그들의 이해 부족 등으로 뜻을 이루지 못한 것을 늘 안타깝게 생각한다.

＊＊ 한국의 경영자상 시상식장에서 대표인사를 하시는 장면. 언제나 창의적이고 진취적인 분이십니다.

능률협회도 매년 '한국의 경영자상'을 주고 있다. 그런데 협회 직원들로부터 '정작 한국의 경영자상을 받을 사람은 상을 주고 있는 신영철 부회장 본인'이라는 얘기를 심심찮게 듣는다. 그럴 때마다 자신의 부하들이 주는 상이 진짜 상인데 신 부회장은 무엇과도 비교할 수 없는 최고의 상을 이미 받았다는 생각을 한다.

근자에 들어 신 부회장은 활발한 집필 활동을 보이고 있다. 1997년 『신 사장의 편지』라는 제목으로 기자 생활을 하면서 보고 듣고 느낀 생각, 우리가 무엇을 해야 하는지를 에세이집으로 발간한 데 이어, 올 들어선 자신과 능률협회가 겪은 좌절과 성공, 시장 개척담을 담은 『컨설턴트가 되는 길』을 펴냈다. 시행착오를 통해 체득한 노하우와 경험, 소중한 지혜를 후학들에게 길이 전하고자 하는 그는 가슴이 따뜻한 경영자이자 영원한 기자이다.

〈한국 FPSB 회장 · 전 우리금융지주 회장〉

감사의 댓글

우리나라 금융 발전에 이바지해 오신 금융계의 거목으로 일컬어지는 분이십니다. 더 이상 이 분을 표현할 만한 다른 찬사가 있을 수 없을 것입니다. 가장 존경받는 기업인 · 가장 신뢰받는 기업 상을 받으시고, 한국의 경영자상을 받으신 것만으로는 그 모든 경력과 빛나는 업적을 다 대변하지 못하는 것 같습니다.

저와는 아주 사회 초년기부터 작은 연구모임도 만들어 함께 교류하며 평생을 가까이서 뵙고 또 지도받으며 살아온 관계입니다만, 지면이 모자라서 그 많은 칭송의 말씀을 다 올리지 못하고 마는 것을 정말로 송구스럽게 생각합니다. 늘 건승하시기 바랍니다.

일과 은퇴

제갈정웅 諸葛政雄

통계청이 2006년 7월 4일 발표한 '고령층 경제 활동 인구 부가 조사 결과'에 의하면 우리나라 직장인들은 평균 만 54세에 정든 직장을 떠난다고 한다. 평균 퇴직 연령이 이렇게 낮은 현상은 외환위기 후 많은 회사들이 구조조정을 하며 정년 이전에 소위 명퇴라는 이름으로 조직의 체중조절을 한 것도 하나의 원인이라 생각한다. 우리의 경우 본인의 의사와는 상관없이 일찍 퇴직하는데 미국이나 유럽의 경우는 좀 다른 것 같다.

10여 년 전에 미국의 록히드마틴 사와 전략적 제휴를 하고 6개월마다 미국과 우리나라에서 장소를 바꾸어 가며 업무 진척도를 점검하는 회의를 했다. 우리의 상대는 록히드마틴 사의 부사장이었다.

그는 골프를 매우 좋아했다. 그래서 우리는 회의를 끝내면 함께 골프를 하며 업무 이외의 이야기들도 나눌 수 있었다.

처음 제주도 그랜드호텔에서 전략적 제휴를 체결하고 오라C.C에서 운동을 할 때, 그는 노는 것을 좋아하여 55세에 은퇴할 것이라고 했다. 우리에게 자신의 은퇴 시기를 이야기한 것이 그의 나이 52세 때였다. 처음 그가 이야기했을 때는 그저 희망사항을 말하는 것이려니 했다. 그래도 왜 그렇게 일찍 은퇴하려 하느냐고 물었더니 더 나이 들어 은퇴하면 힘이 들어 제대로 놀 수 없다는 것이었다. 우리 옛말에 '노세, 노세, 젊어서 놀아, 늙어지면 못 노나니' 와 꼭 같은 논리였다. 그리고 그는 55세가 되는 해 6월말로 은퇴를 하였다.

2000년에 플로리다 올란도에 회의차 갔다가 그와 저녁식사를 함께했다. 어떻게 시간을 보내느냐고 물었더니 명함을 건네 주면서 '이보다 더 좋을 수 없다' (It Couldn' t be better!)고 했다. 명함 상단에 같은 말이 쓰여 있고 한가운데는 노란색 스포츠카인 시보레 콜벳 쿠페가, 밑 쪽에 이름과 전화번호가 인쇄되어 있었다. 굳이 직업을 말하자면 투자자라고 할 수 있겠다며, 매일 오전 두 시간 정도 주식 시장을 보며 본인이 투자한 회사들에 대한 정보들을 파악하고 그 외 시간은 골프를 치거나 스포츠카 동호인들과 미국 각지를 돌아다닌다고 했다.

이처럼 외국 사람들 가운데는 자기가 은퇴할 시기를 정해 놓고 은퇴 후의 삶에 대해서도 명확한 계획을 갖고 있는 사람이 많다. 반면 우리의 경우는 아직까지 조기 은퇴 후 새로운 삶을 계획하기보다는 가능한 한 늦게까지 직장 생활 하기를 희망하고, 따라서 퇴직 후의 삶에 대해서도 명확한 계획 없이 생활하는 것이 대부분의 직장인들이 걸어온 길이다.

신영철 부회장님을 처음 뵈었던 것이 1978년이었다. 능률협회가 기업경영대상 제도를 만들고 제1회 대상 수상 기업으로 대림산업을 선정해 상을 받게 된 것이 계기가 되었다. 그때 필자는 대림

산업 기획조정실에서 실무를 책임지고 있었기에 자연스럽게 능률협회와 인연을 맺었고, 그 후 능률협회의 지식경영위원회 위원장과 감사 일을 통해 신 부회장님을 좀더 깊이 알게 되면서 인품을 흠모하게 되었다. 특히 매일 저녁 자신이 감사할 사람의 이름을 말하며 잘 되기를 비는 뜻으로 절을 한다는 이야기를 듣고 크게 감동했다. 필자 역시 그 후 절은 안하지만 기도를 드리며 감사할 분들의 이름을 아뢰고 또 적고 있다. 일자리를 준 조직에 감사하고 조직을 이끌고 계신 회장께 감사하고, 하루 동안 만난 사람들 가운데서 감사해야 할 사람들의 이름을 적고 기도하는 것은 결과적으로 그 분들보다 나 자신에게 도움이 된다는 것을 알게 되었다.

** '학자 같은 경영자', 'CEO 같은 학자' - 이 분에게서 언제나 느끼는 아주 독특한 이미지입니다.

오늘날 조직에서 일하는 모든 사람에게 일과 은퇴의 문제는 끝없이 생각해 보아야 할 숙제라 하겠다. 수명이 길어지면서 40년을 한 직장에서 일해도 오히려 은퇴하기에는 너무 젊은 나이가 아닌지 모르겠다.

우리 사회는 아직 사회보장 제도가 제대로 안되어 있어 일찍 퇴직한다는 것은 곧 경제적 어려움을 의미한다. 통계청의 발표와 미국인의 조기 은퇴를 보면 한 직장에서 40년간 일할 수 있는 것은 정말 신의 은총이라 할 만하다. 오래 일할 수 있을 만큼 건강해야 하고 또 조직에서 필요로 하는 것을 계속 제공할 수 있어야 가능한 일이기에, 한 사람이 조직에서 오래 근무한다는 것은 개인과 조직에 모두 복된 일이라 하겠다.

〈학교법인 대림학원 이사장 · 전 대림정보통신 부회장〉

감사의 댓글

이 분은 뵈올 때마다 어떤 호칭으로 부르는 것이 적절한가를 잠시 망설이게 되는 그런 분이십니다. 사장님 같은 학자인가 하면 또 학자 같은 CEO 사장님. 게다가 오랜 기간 동안의 노력 끝에 옛 성씨(제갈)를 되찾고 대림학원의 이사장님으로 가시면서 저를 더욱 헛갈리게 하고 계십니다. 오랫동안 친교를 나눠 온 분이기에 저에 대한 이 분의 배려는 언제나 남다르십니다. 변함없는 마음으로 한 생을 다해 가실 분입니다.

제 4 장

용기를 주신 분들, 고마우신 분들

겸손, 품격

허태학 許泰鶴

신영철 부회장님을 자주 뵙게 될 수 있었던 계기는 93년 필자가 삼성에버랜드(주) 대표이사를 맡으면서였다. 그 당시 필자는 자연농원을 혁신시켜야 하는 중요한 임무를 맡고 있었다.

그룹에서 큰 의미를 부여하는 회사이고 사업장이어서 무척 부담스럽고 힘이 들었으나, 고객 중심의 고객만족경영을 통해 성과 창출을 극대화하기로 생각하고 혁신 활동을 시작했다.

고객만족경영 1호 기업으로 인증되었을 때의 일이다. 능률협회에서 1호 기업 인증패를 받게 되어 있어 협회 사무실을 방문하겠다고 했더니 신영철 부회장님께서 직접 용인까지 와서 주시겠다는 것이었다. 먼길을 오시는 것이 오히려 부담스럽다고 말씀드렸지만 그래도 직접 방문해 전달하시겠다고 해서, 세상을 더 사신 분의 말씀을 거절할 수 없어 용인에서 받은 기억이 있다.

그 후 에버랜드가 고객만족대상을 5년 연속 받게 되어 우리나라 산업사에 처음으로 명예의 전당에 헌정되는 기념탑을 설치할 수 있었다. 이때도 신 부회장님께서는 용인까지 직접 방문하셨다. 장소 선정, 레이아웃 조정, 문안 확인 등 세밀한 부분까지 손수 하나 하나 점검하시면서 세심한 배려를 해 주신 것을 잊을 수가 없다.

뵈올 때다마 습관적으로 표현되는 말씀과 행동의 겸손함은 후대를 꾸려 가는 후배들에게 귀감이 됨은 말할 것도 없을 뿐더러 나아가 한 시대를 밝혀 가는 길이고 빛임을 항상 떠올리게 된다.

능률협회 행사가 다른 기관의 행사와 특별히 다른 것 하나를 고르라면 '품격 있는 행사' 라는 것이다. 능률협회 고객만족위원회 위원장을 하면서 매월 개최하는 조찬 행사를 비롯하여 각종 행사에 참석하게 되는데 식장 준비, 의전, 진행 등 어느 것 하나 구김살 없이 늘 말끔하게 진행된다. 송인상 회장님의 남다른 리더십 못지 않게 신영철 부회장님의 품격을 추구하는 가치 정신이 함께하기 때문이라고 하겠다.

＊＊ 한국의 경영자상을 받으신 후 감사 인사하시는 장면. 우리나라 CS분야의 대부이십니다.

그 바쁜 일정에 글도 쓰시고 그림도 그리면서 필묵을 가까이하시는 것도 놀랍다. 그러한 정감이 있기에 더욱 향기롭고 훈훈한 인간애가 풍겨 나오는 것은 아닌지 후배들은 헤아리게 된다.

여생을 더욱 건강하고 다복하게 영위하시고, 능률협회의 혁신과 도약을 위해 더욱 정진하시길 기원하는 마음 간절하다.

〈삼성석유화학 사장 · 전 삼성에버랜드 사장〉

감사의 댓글

우리나라 고객만족경영의 전도사 격이시며 혁신의 마스터로 숭앙받고 계시는 분입니다. 에버랜드 사장으로 계실 때 우리나라 고객만족경영상 최초로 최고상을 5연패하심으로써 명예의 전당에 헌당되는 영예를 안으셨고, 곧이어 현재의 회사인 삼성석유화학으로 오셔서 연이어 같은 상을 석권하며 다른 기업들의 부러움을 사고 계시는 중입니다.

KMA의 CS위원회 위원장님으로서 현재 CS가 산업계뿐만 아니라 정부와 공기업은 물론 지방자치단체 등에까지 널리 확산되고 있는 것도 이 분의 노력이 결실을 맺은 결과라고 말씀드릴 수 있습니다. 그러한 노력의 결과 금탑산업훈장과 한국의 경영자상 등을 받으셨습니다.

우리나라의 대표적인 최고경영자들 중에서도 저희 송인상 회장님께서 가장 아끼시고 언제나 자랑스럽게 앞장서게 하시는 중요한 분이십니다.

평생의 화우(畵友) 신영철 부회장

강석진 姜錫珍

GE에서 30년, 한국 GE의 경영자로서 20년의 긴 여정을 보내오면서 누구 못지않게 한길을 오래 걸어왔다고 생각했다. 그러나 내가 존경하는 신영철 부회장이 한국능률협회와 함께 40년을 보냈다는 사실을 알고 놀라움을 금할 수가 없었다. 우리의 인생에서 성장과 교육에 보냈던 어린 시절과 청소년 시절의 20여 년을 제외하고 사회 활동을 한 햇수만 따진다면, 어쩌면 인생의 전부를 한길에 바친 셈이다. 오늘날 한국능률협회의 확고한 위치가 구축되기까지 그는 묵묵히 벽돌을 쌓아 온 숨은 공로자다.

신영철 부회장을 처음 만난 것은 그가 한국능률협회컨설팅의 대표를 맡고 있을 때였던 것 같다. 그 후 우리는 오랜 세월을 서로 마음을 터놓고 지내는 그런 사이로 지내 왔다. 내가 한국능률협회 경영품질위원회의 위원장 책임을 맡은 이후로는 더욱 가깝게 여러 분야에서 협력해 왔다. 오랜 세월 가까이 사귀어 온 그는 언제 보아도 밝고 긍정적인 모습이었으며, 상대방을 진심으로 존중해 주는 자세는 변함이 없었다.

나 자신이 경영자로서 또 한편으로는 화가로서 활동을 해 왔기 때문에 신 부회장과 함께 내 주변의 화가들을 만나는 기회가 많았다. 그런데도 신 부회장은 자신이 그림을 그린다는 사실을 우연한 기회에 내가 알게 될 때까지 이야기하지 않았다. 그가 그림을 그린다는 사실을 안 후 우리는 더욱 가깝게 지낼 수가 있었다. 그의 미술 작품의 색과 구도는 놀라울 만큼 순수하다. 순수한 어린이의 눈으로 세계를 바라보는 것처럼 그의 그림 세계는 때 묻지 않은 밝은 색채와 구도였으며, 순수한 성품이 그대로 표현되어 있다. 미술작품 속에는 작가의 성격과 감성이 색채와 구도에 그대로 담기는 법이다.

나는 신 부회장의 작품들을 본 뒤 그를 명사미술회 회원으로 추천하였으며 지금은 매년 명사미술전에서 함께 작품 전시를 하고 있다. 명사미술회는 10여 년 전 「서울경제신문」이 현직 경영인들과 사회 지도급 전문직 인사들 중에서 상당한 수준 이상의 작품 활동을 하는 분들을 발굴해 만든 모임이다. '명사미술전' 이란 이름으로 매년 미술전시회를 개최하고, 수년 전부터는 「매일경제신문」이 이 행사를 주관해 오고 있다. 명사미술전에 출품했던 작가들 중에는 전직 대통령도 포함되어 있다.

언젠가 한번은 신 부회장이 해외 출장중이라 그가 없는 사무실에 들른 적이 있었다. 그때 내 시선을 끌었던 가장 인상 깊은 것은 벽 앞에 늘어선 서류탁자 위에 나란히 진열된, 작은 액자 속 그의 작품 사진들이었다. 순수한 색채들, 추상과 구상이 함께 하는 상상의 세계를 그린 그림들을 보면서 나는 지금껏 열심히 사회 생활을 하며 살아온 그의 삶의 이면에는 이처럼 순수한 마음이 있었구나,

언제나 밝고 겸손한 미소 속에 어린 소년처럼 순수한 동심의 세계가 있었구나, 하고 감탄을 했다.

그때 나는 여러 작품들 중 가장 동심의 세계가 느껴지는 작품 사진을 주인의 허락 없이 가지고 와 버렸다. 그의 비서에게는 신 부회장이 해외에서 돌아오면 내가 허락 없이 가져갔다고 전해 달라고 했다. 지금도 작고 예쁜 액자 속에 담긴 그의 작품 사진은 내 사무실의 서가에 놓여 있다.

＊＊ 한국경영대상 시상식에서 상패를 수여하시는 장면 (왼쪽). KMA 경영품질위원회 위원장이십니다.

우리는 경제계에서 만나 우정을 나누며 함께 활동하는 사이였지만 이제는 그 관계를 넘어 미술 활동을 함께 하는 화우로서 평생의 그림쟁이 친구가 되었다. 먼 훗날 90이 넘은 나이가 되더라도 그는 언제나 소년과 같은 순수한 동심의 세계를 꿈꾸는 모습으로, 때묻지 않은 꿈을 화폭에 그리며 살아갈 것이라고 믿는다.

〈CEO컨설팅그룹 회장 · 전 GE코리아 회장〉

감사의 댓글

우리나라에 6시그마 교육과 그 사상, 기법을 전파하여 크게 확산시켜 주신 경영혁신 운동의 대부이십니다. 지금도 생생히 기억나는 것은 당시 이 분의 주도하에 삼성의 손 욱 사장님과 KAIST의 이진주 박사님, 그리고 저까지 4명이 부인들과 함께 모여 우의를 다지며 이 운동을 보급하는 데 앞장서자는 결의를 다졌던 일입니다.
그 후 이 사업은 요원의 불길처럼 온 나라에 퍼져 나가 크게 활성화되고 있습니다. 지금도 KMA 품질경영위원장님으로서 저희들과 우리나라 산업과 사회 전반의 발전을 위해서 헌신적으로 앞장서고 계십니다.
또 이 분께서는 명사미술회의 회장님으로서 왕성한 활동을 하고 계십니다. 제가 그 쪽에 얼굴을 내밀게 된 것도 전적으로 이 분의 강권에 의해서였습니다. 제가 전혀 응하지 않으니까, 아주 강압적(?)으로 저를 끌어내어 이른바 '명사의 세계' 에 올려 주신 것입니다. 그런 일은 누군가 그렇게 앞장서 끌어 주는 분이 계셔야 진행되는 법이지요.

“혁신의 불씨 만들기 40년”

손 욱 孫郁

신영철 부회장의 능률협회 40년 역사는 곧 우리나라 혁신 활동의 40년 역사와 다름이 없다.

40년 전 이 땅에는 개선 · 혁신 · 능률이라는 단어조차 생소하기만 했다. 그러나 오늘의 한국은 ‘한강의 기적’ · ‘설비투자 주도형 성장의 가장 훌륭한 성공 모델’ · ‘제3세대 6시그마는 한국만이 할 수 있을 것’ 이라는 등의 수많은 찬사를 받으며 후진국에서 개발도상국을 넘어 선진국을 향해 힘차게 약진하고 있으며, 많은 국가에서 성공 사례를 배우려 방문하는 자랑스러운 나라가 되었다. 그 가운데 한국능률협회가 있고, 또 그 가운데 신영철 부회장이 있다.

무엇보다 강조하고 싶은 것은 능률협회가 국가 경제 발전의 핵심적 역할을 하기까지는 그야말로 무에서 유를 창조했다고 해도 과언이 아닐 정도로 모든 것을 새롭게 배우는 부단한 노력이 필요했으며(아는 것이 없었으므로), 이를 고객(주로 기업)에게 알리고 참여시키는 설득 과정 또한 만만치 않았다는 점이다. 신 부회장은 항상 기업의 발전을 위해, 경쟁력 향상을 위해, 진정 무엇이 필요한지 스스로 터득하고자 부단히 노력하는 분이었다.

1987년 신라호텔에서 필립 크로스비가 창시한 Quality Management(품질경영)의 제1회 세미나가 열렸다. 나는 삼성을 대표하여 세미나에 참석하였고 신 부회장과 나란히 앉아 일주일간 함께 공부하는 행운을 가졌다. 당시 신 부회장은 우리나라 기업들의 품질 수준을 걱정하며, 일본에서 도입된 QC(품질 관리)가 처음부터 올바르게 자리잡지 못하여 국제경쟁력에서 얼마나 많은 문제를 야기하게 되었는지, 새로운 품질경영을 도입하여 바로 세우는 것이 얼마나 중요한 일인지 스스로 배우고 깨닫기 위하여 단 한 시간도 소홀히 하지 않고 시종일관 진지하게 참여함으로써 모두에게 큰 감동을 주었다. 기업에 몸담은 사람도 자기 회사의 경쟁력을 위해 저렇게까지 노심초사하지는 않는데 능률협회의 간부가 어찌 이토록 노력할 수 있을까? 볼 때마다 경탄을 금할 수 없었다.

1989년으로 기억하는 어느 날, 신 부회장이 삼성전기로 필자를 찾아온 적이 있었다. 이런저런 대화를 나누던 중, 신 부회장은 IEC(Industrial Engineering Consultant) 과정 도입에 대한 어려움을 털어놓았다. 일본능률협회와 오랫동안 협력해 오면서 한국에 필요하다고 생각되는 프로그램은 모두 도입했는데 단 하나 일본이 시기상조라며 허용하지 않는 것이 있었다는 것이다. 그것이 바로 IEC 과정으로, 제조 현장의 생산성 혁신을 주도할 컨설턴트 수준의 IE(산업공학) 전문가를 양성하는 5주간의 프로그램이었다. 삼고초려하기를 몇 년, 신 부회장은 마침내 IEC 과정 도입 허가를 얻어내고야 말았다. 그러나 막상 그렇게 정성을 다하여 국내에 도입한 IEC 과정이 커다란 장벽에 부딪혀 시작도 못하고 있었던 것이다.

IEC 과정은 이론 교육과 함께 현장 라인을 대상으로 현장 분석·문제와 원인 규명·개선안 도출·실시 및 효과 분석이라는 사례연구 교육이 병행되어야 하는데, 어느 회사도 현장 제공을 거절한다는 것이다. 아무리 교육이 목적이라도 생산 현장을 불특정 다수의 외부인에게 공개하면 노하우가 새어 나가 경쟁력에 큰 손해를 볼지도 모른다는 우려 때문이었다.

신 부회장은 일본에서는 앞다투어 현장을 제공하는 기업이 줄을 잇는데 우리는 왜 그렇지 못한가, 하며 애를 태우고 있었다. 일본 기업의 경우, 전문가들이 기업 현장을 방문하여 현장을 분석하고 개선 방법을 지도하고 결과까지 분석해 주기 때문에 생산성 향상과 원가 절감에 큰 도움이 될 뿐 아니라, 현장 제공에 대한 인센티브로 몇 사람이 무료로 교육받을 수 있다는 이점 때문에 그렇게 적극적으로 협조한다고 했다. 또 경쟁사에 대한 우려는 교육생을 사전에 파악하여 문제의 소지가 될 만한 교육생을 제외함으로써 해결한다는 것이다. 그러나 이러한 사례를 들어 아무리 설득해도 우리나라 기업들은 꿈쩍도 안한다는 것이었다. 대기업은 현장 제공에 더욱 미온적이리라는 판단하에 중소기업을 대상으로 우선 설득해 보았는데, 반대가 너무 심해 IEC 과정 자체를 반납해야 할지도 모른다고 안타까워했다.

필자는 선뜻 우리 회사에서 해 보겠다고 제안을 하였다. 1회에 4명의 사원이 함께 무료로 교육을 받기로 하고, 5차례에 걸쳐 여러 공장 라인을 대상으로 현장 교육이 진행되도록 협조했다. 그 효과는 놀라웠다. 삼성전기는 이를 계기로 4백 명의 IEC 요원을 양성할 수 있었으며, 삼성그룹 내의 혁신 성공 사례로 인정받기에 이르렀다.

그리고 단언하건대 이는 오늘날까지도 삼성전기 경쟁력의 기반이 되고 있다고 확신한다. 이후 삼성전기 적용 사례의 성과에 힘입어 많은 기업들이 현장 제공에 참여하게 되어 우리나라에 IEC 과정이 본격적으로 자리잡게 되었음은 두말할 나위도 없다. 되돌아보면 신 부회장의 기업 경쟁력에 대한 깊은 통찰과 열정, 그리고 굳건한 의지가 필자의 마음에 감동과 확신을 심어 주어 가능했던 일로 생각된다.

지식기반 경제 시대의 기본은 학습이며 자기개발이다. 끊임없는 자기개발 없이는 이 시대를 이끌어 갈 수 없을 뿐더러 제대로 생존할 수도 없다. 이러한 시대에 능률협회가 40년 넘게 그 역할을 할 수 있었던 데는 신 부회장의 끊임없는 자기개발 노력이 있었음을 누구도 부인할 수 없을 것이다. 지금까지도 책을 손에서 떼지 않고 배움의 장에 참여하는 모습이 이제 능률협회 임직원들의 문화이자 DNA로 자리잡지 않았나 생각된다.

그러나 배우기만 하고 실천하지 않으면 '유식하나 무능한 사람'이 될 수밖에 없는 법. 신 부회장은 해마다 연초가 되면 고객을 한 사람 한 사람 만나기 위해 정성을 기울인다. 고객과의 만남을 통해 자신의 지식을 전파하는 한편, 고객이 원하는 것이 무엇인지 파악하는 노력도 게을리하지 않는다. 그는 어떻게 하면 고객에게 참된 도움이 될 것인지 끊임없이 고심하는 사람이다.

매년 초, 신 부회장의 방문 일정이 잡히면 필자는 많은 시간 생각을 거듭했다. 한편으로는 신 부회장으로부터 새로운 정보와 지식을 하나라도 더 습득하기 위한 준비를 하고, 또 한편으로는 신 부회장에게 고객의 요구(6시그마에서는 CTQ라고 함)를 제대로 전달하여 능률협회가 고객 요구를 충족시키는 기관으로 더욱 발전해 갈 수 있도록 도움을 주고자 하였다. 신 부회장은 아무리 사소한 의견이라도 고객의 요구라면 놓치지 않고 실행에 옮겨 반드시 고객을 만족시킨다는 신뢰가 있었기 때문이다.

필자는 1987년 품질경영 세미나에 함께 참석한 동창생이라는 신 부회장과의 인연을 시작으로 품질경영을 공부한 덕택에 오늘날까지 6시그마 전도사를 자처하며 혁신의 전문가로 행세하게 되었다.

＊＊ 언제나 저를 도와 많은 일을 함께해 주신 분 (오른쪽). 일본능률협회 회장님과 함께.

본인이 혁신의 전문가가 되는 데 신 부회장의 영향이 적지 않았음에 늘 감사하며, 그와의 만남과 그에게서 배운 의지와 열정을 항상 자랑스럽게 생각한다.

〈삼성SDI 상담역 · 전 삼성인력개발원 원장〉

감사의 댓글

아주 유능하고 결단력이 있는 최고경영자이자 동시에 학구적인 대학자의 풍모를 지니신 분입니다. 이 분과는 오래전부터 중요한 교육 현장이나 우리나라와 일본의 산업 현장, 그리고 대회 같은 공식 행사에서 자주 만나뵈면서 많은 교류를 나눌 수 있었습니다.
저와 함께 각종 해외대회에 참가해서 우정과 지식을 함께하셨던 분이십니다.
중요한 자리에는 언제나 참석해 함께했던, 그런 분야의 선구자적 인물 가운데 한 분이셨습니다. 품질경영 분야에서는 저하고 같은 반이 되어 함께 공부한 다정한(?) 교우시기도 했지요. 그 밖에도 일일이 다 기억해 낼 수는 없지만, 지금도 중요한 자리에는 항상 같이 계시고 또 계셔야 할 분으로 기억되고 있습니다.
그리 자주 뵙지는 못해도 언제나 필요할 때 옆에 계시는 것 같은 친근함, 그것이 이 분에게 느끼는 제 마음이라고 말씀드릴 수 있을 것 같습니다. 비록 자주 뵙는 관계는 아니더라도 제가 필요로 할 때 언제나 함께해 주실 것 같은 분. 그런 믿음의 관계 속에서 저 나름대로 아름다운 인정을 가꾸어 오고 있다고 혼자 자부해 봅니다.
저에게 몇 가지 책을 추천해 주셨는데, 그 가운데 『도인술』이라는 옛날 도인들이나 볼 만할 책을 보내 주신 일도 있으십니다. 그만큼 다방면에 걸쳐 관심도 많으시고, 언제나 탐구하시는 분이시지요.

우연이 아니야

하권익 河權益

우리 만남은 우연이 아니었다. 바로 신영철 부회장님의 능률협회를 위한, 그리고 우리나라 오피니언 리더들을 위한, 더 나아가 나라를 위한 열정 때문에 이뤄진 만남이었다.

삼성서울병원장에 임명되어 나름대로 병원을 꾸려 가기 위해 혼신의 힘을 경주하고 있을 때였다. 말하자면 햇병아리 병원장이 거대한 병원 조직 3천6백여 명의 직원을 한 방향으로 잘 리드해 나갈지 걱정이라도 되었는지, 아니면 하느님께서도 하씨 어른이신지라 하씨를 긍휼히 여기셔서인지 신영철 부회장으로 하여금 능률협회 임원 몇 분과 함께 병원을 방문하게 하셨다. 점심을 같이하는 자리에서 신영철 부회장님이 능률협회 조찬회원으로 가입할 것을 권유하였다.

대부분 경제인 CEO들이 모여 연사의 말씀을 듣는 자리라는 설명과, 병원장들의 참석은 거의 없으나 참석하고 보면 유익할 것을 확신한다는 자신감에 찬 권유를 받아들이고 매월 정해진 날 오전 6시 55분의 조찬회에 나가게 되었다. 늘 감사하게 생각하는 것은 의사이니 회원 가입을 권유할 의미가 없다고 판단하지 않고 반드시 필요할 것이라는 확신을 심어 주심으로써 10여 년이 지난 지금도 매월 조찬회에 참석하여 세상 공부를 할 수 있는 기회를 주었다는 점이다. 뿐만 아니라 병원장으로서 병원 경영 마인드를 갖게 되었으며, '세상은 이렇게 빠르게 변하는데 병원계는 변하지 않고 있음' 을 깨우칠 수 있었고, 세상이 사용하는 용어를 배울 수 있었다. 병아리 병원장으로서는 하늘이 내려준 행운을 잡았던 셈이다. 더군다나 사람을 새롭게 만나는 것을 삶의 기쁨 중 기쁨이라고 생각하는 나에게 사회 저명인사들과의 만남과 대화는 지금도 삶을 윤택하게 해 주니 또한 감사할 따름이다.

신영철 부회장의 글도 탐독하였다. 『신 사장의 편지』에는 조용하면서도 실천을 중시하는 그의 모습이 담겨 있다. 그는 사장 시절이나 부회장인 지금이나 변함없는 리더로서 고객중심 철학을 이어나간다. 이른 아침 회원들을 맞이하는 모습을 눈여겨 보면 진정 마음속으로부터 반갑게 맞아 주고, 고객이 자리에 앉을 때까지 먼저 앉지 않는다.

고객의 말을 경청하며 반응을 보이는 그는 리더가 갖춰야 할 듣기(Listen)가 몸에 밴 분이다. 그리고 끊임없이 회원들을 증강시키고 교육(Educate)시켜 경제, 그리고 나라를 업그레이드시키기 위한 노력을 경주한다. 능률협회 임직원들을 격려하고 지원(Assist)하는 모습도 여러 번 본다. 조용 조용히 미소로 그들을 직접 도와주는 모습은 언제나 한결같다. 부회장으로서 송인상 회장을 보필하는 데도 한 번의 실수도 없는 듯하다.

회원 누구 또는 어떤 회사를 새로운 회원으로 영입할 것인가를 결정

(Decide)할 때 병원장을 포함시키는 결심도 하신 분이다. 그 결심 때문에 나는 새로운 병원 문화, 서비스 산업 분야에 공로를 인정받아 국가로부터 동탑산업훈장을 받고 능률협회의 병원경영혁신위원장직도 맡아 좋은 경험을 하게 되었으니 얼마나 감사할 일인가? 감사합니다. 그리고 조찬회가 끝나면 3, 40분 차를 마시며 그 날의 행사에 대해 자연스럽게 평가(Evalute)를 한다.

그는 모든 일에 스스로 책임(Responsibility)을 진다. 언젠가 "아! 내가 챙겼어야 하는데, 미안! 미안!" 하는 자리에 내가 있었다. 미소와 책임 있는 그의 발언으로 모든 것이 해결되는 순간이었다. 이렇게 그는 리더(LEADER, 앞서 기술한 단어들의 머릿글자 모음)로서의 모든 것을 갖추었다.

＊＊ 항상 따사로운 햇살처럼 웃으시는 모습으로 많은 도움을 주고 계십니다.

그는 자신의 글 '갈매기의 떼죽음'에서 한 번 게을러지면 벗어나기 힘들다고 하였으나, 반대로 40년 전이나 지금이나 변함없이 부지런하고, 리더로서 몸에 익은 습관을 그대로 실천하며 멋진 인생을 살아가신다. 나 역시 그와의 만남을 영원히 감사한 마음으로 간직하며 살아갈 것이다.

〈우리들병원 명예원장 · 전 삼성서울병원 원장〉

감사의 댓글

제가 공식적으로 이 분을 처음 만나뵌 것은 삼성서울병원의 원장님으로 계실 때였습니다. 우리나라에서 가장 참신하고 우수한 의료 인재와 첨단 의료 기술을 자랑하며 새롭게 발족한 이 병원의 원장님은 얼마나 대단하실까, 하고 잔뜩 겁(?)을 먹고 갔는데 결과는 전혀 반대였습니다. 얼마나 친절하고 자상한 표정이시던지요. 게다가 언제나 상대를 똑바로 응시하며 힘찬 미소를 환하게 비춰 주시는데, 저는 그 순간부터 이 분에게 녹아들어 푹 빠져 버렸습니다. 과연 정말로 의사 선생님이 맞는지 한순간 의아해 하기도 했지요. 그만큼 첫인상이 너무나 강렬했습니다.

그때부터 이 분께서 솔선하셔서 우리나라 의료 분야의 공동발전을 위해서 성의와 열의를 다해 주신 덕분에 우리나라의 의료 혁신 분야도 많은 성과를 거두게 되었다고 봅니다. 저희 협회의 성가를 높이는 데도 크게 공헌해 주셨습니다.

지금은 저뿐만 아니라 저희 송인상 회장님께서도 언제나 반기시는 아주 귀한 분 가운데 한 분이 되셨습니다. 정말로 저희들의 만남은 이 분의 말씀대로 '우연이 아니라, 필연'이었다고 생각합니다.

겸손과 낮춤의 리더십을 실천

이채욱 李采郁

내가 신영철 부회장을 알게 된 것은 6년간의 해외 근무를 마치고 2002년 귀국한 이후였다. 한국능률협회에서 활동을 갓 시작한 나에게 그는 선뜻 부회장직을 제시했고, 경영자교육위원회 위원장직 수락을 요청하는 등 적극적으로 한국능률협회 활동에 도움을 요청했다. 그의 진실성과 열의에 감동받은 나는 그 후 언제나 한국능률협회의 발전에 힘쓰고 있다.

최고경영자 조찬강연회를 비롯, 여러 행사장에서 지켜본 신 부회장의 모습은 일관되었다. 겸손과 낮춤, 그리고 친절이 몸에 밴 모습이 그것이다. 늘 자신을 낮추는 모습에서 오늘의 한국능률협회를 그늘 속에서 묵묵히 이끌어 온 힘의 원천을 본다. 그는 늘 젊은이처럼 순수함을 잃지 않고 조직과 사람을 아끼고 마음을 쓰며 회원 관리에 정성을 다하는 리더다. 한국능률협회의 각 위원장 및 부문장들을 앞세우고 격려하되 자신은 뒤에서 일하며 실질적으로 조직을 움직인다. 실질적인 변화를 이끌되 조용히 뒤에서 살림을 책임지는 그런 분이다.

무엇보다 그는 철저한 한국능률협회 사람이다. 1대 김병원 회장에서 현재의 4대 송인상 회장에 이르기까지 모든 회장을 두루 모시며 오늘의 한국능률협회로 발전시킨 분이다. 어려운 시절, 많은 사람이 협회를 떠났지만 그는 한국능률협회의 간판을 부둥켜안고 일관되게 이를 지켜 왔다.

또한 그의 마인드셋은 매우 강력하다. 긍정적이며 높은 이상으로 무장된 마인드셋. 수많은 인재들이 한국능률협회를 거쳐 갔지만 그가 오늘의 상근부회장직까지 오를 수 있었던 것은 주어진 직급에 종속되지 않고 늘 CEO의 마음과 자세로 CEO처럼 일했기 때문이다. 그의 리더십은 격려와 칭찬을 앞세우되 자신은 나서지 않는 리더십의 전형이다. 이러한 특징은 아마도 독실한 기독교인이기에 가능한 것이 아닌가 한다. 그러나 실제로는 매우 강한 카리스마를 지닌 외유내강형 리더라고 말할 수 있다. 철저하게 준비하지 않으면 아무리 유능한 젊은 부문장들도 신 부회장 앞에서 대충 얘기하지 못할 정도로 그의 경륜은 대단한 경지다.

한국능률협회와 자회사 등에서 다양한 직책을 수행한 그는 일관되게 해당 경영자를 앞세우고 칭찬하며 격려하는, 이른바 간섭하지 않고 위임하는 리더십을 갖고 있다. 또한 성과와 노력이 모자라는 직원은 스스로 조직을 위해 떠날 수 있도록 강한 동기와 높은 목표를 요구했고 실천해 온 리더다. 이러한 리더십은 엄청난 자기개발에 힘입은 바 크다. 일주일에 한 권 이상 책을 읽는 그의 방대한 독서량은 마치 무림의 고수가 내뿜는 내공의 힘을 느끼게 한다. 특히 어학 공부에 정진하여 영어는 물론 일본어 · 중국어 · 스페인어에 이르기까지 배움에 끝이 없다.

＊＊ 열정적인 삶, 열정적인 사업을 주제로 베스트셀러를 내신 분. KMA 경영자 교육 위원회 위원장님이십니다.

회원 관리에 철저한 것도 그의 장점이다. 고객 마인드로 무장된 사람이다. 70세의 상근부회장임에도 하루에도 2~3개 기업을 방문한다. 서울, 지방 무관하게 한국능률협회를 홍보하며 회원가입 활동을 독려하고 있다. 그의 목표는 1만 개 기업을 직접 방문하는 것이라고 한다. 고객이 모든 사업 활동의 원천임을 충분히 알고 이를 도전적으로 실천하는 그의 열의에 비즈니스를 하는 사람으로서 존경심이 절로 생겨난다.

그는 무엇보다 모든 성공한 CEO에게서 공통적으로 발견되는 전형적인 긍정주의자다. 모든 세상사가 마음 먹기에 달려 있다고 그는 믿는다. CEO가 되겠다고 생각하고 노력하면 CEO가 된다는 이치를 실천해 온 분이다. 이런 점에서 그의 남은 생활에도 기대가 크다. 왜냐하면 그는 지금 이 순간에도 새로운 꿈을 만들고 그것을 이루기 위해 낙관적인 마음으로 실천에 옮길 터이기 때문이다.

겸손과 낮춤의 리더십을 실천해 온 신 부회장과의 만남은 새로운 배움이 선사하는 큰 즐거움 같은 것이다.

〈GE코리아 회장〉

감사의 댓글

이 분께서 얼마 전 '열정'을 주제로 자전적 성격의 저서를 출간해 단박에 베스트셀러를 만들어 내신 일이 있습니다. 그 선풍은 지금도 계속되고 있고, 그 불길이 꺼지지 않을 것 같은 강한 예감을 갖게 됩니다.

세상에 참 많은 경영자 분들이 계시고 모두들 훌륭하게 역할을 다하고 계시지만 이 분처럼 제가 닮고 싶고, 또 그런 의미에서 언제나 자극을 주시는 분도 드뭅니다. 지금은 저희 협회 경영자교육위원회의 위원장님으로서 많은 회원님들을 모시고 매우 인상적인 리더십을 발휘하고 계시며, 원로회장님을 대신해서 모든 경영자 세미나를 직접 주재하고 계십니다.

오늘도 이 분께서는 쉬지 않고 선두에 서서 우리 사회의 혁신을 위해 스스로의 열정을 불태우시고 계십니다.

훌륭한 인품 면에서나 그 출중하고 탁월한 능력 면에서나 앞으로 이 분을 닮고 싶어하고 이 분처럼 되고 싶어하는 많은 젊은이들이 이 땅에서 태어나 성장해 줄 것을 믿습니다. 저도 그 중 한 사람으로서 열심히 뒤를 따르겠습니다.

서로의 mentor가 되어

임승남 林勝男

지난 1960년대 후반쯤으로 생각된다. 신입으로 입사하였던 일본 롯데 근무를 접고 귀국하여 롯데제과 기획실에 근무하던 중 시흥 공장 부공장장으로 발령이 났고, 1970년에 영등포 공장 부공장장이 되었다. 어느 날 롯데제과 유창순 회장으로부터 본사로 긴급히 들어오라는 호출이 왔다. “잘 도와드리게나” 하는 말씀과 함께 나와 비슷한 연배의 젊은 한 분을 소개하였는데 그가 신영철이었다. “능률협회 신영철입니다.” 이런 간단한 소개 인사로 시작된 만남, 의례적인 관계에 그칠 수도 있었던 만남이 발전하여 우리는 지금 서로의 mentor가 되었다.

회장실에서의 만남 이후 공장 운영과 다른 기업들의 운영 현황에 대한 자료를 받으면서 신 부회장으로부터 많은 도움을 받았으나, 실질적으로 긴밀하게 관계를 맺은 것은 1972년 롯데제과 기획관리실장을 맡으면서였다.

당시 내가 가장 고심한 부분은 공장의 손실률을 줄이고 생산성을 향상시키는 일이었다. 손실이 많이 발생한다는 것은 결국 1인당 생산성을 저하시키는 큰 원인이었다. 고심한 끝에 지금은 고인이 된 고 김인상 계장(전 롯데햄우유 대표이사)과 의기투합하여 무결점 운동인 ZD(Zero Defect) 운동을 전개하기로 마음먹었다. 이때 모든 자료를 능률협회 신 부회장에게 부탁하고 방법을 같이 논의하면서 6개월 동안 전사적인 운동으로 확대시킨 결과 점차 손실이 줄고 생산성이 향상되었다. 더불어 임직원들의 애사심을 높이는 데도 크게 기여할 수 있었다. 그 결과로 나는 유창순 회장과 신준호 사장의 적극적인 지지와 호응을 받을 수 있었고, 신 부회장과의 관계도 점점 탄탄하게 가까워졌다.

1974년 롯데그룹은 칠성사이다를 인수하여 롯데칠성으로 사명을 바꾸었다. 나 또한 신규 사업에 동참하라는 명을 받고 롯데제과와 롯데칠성의 기획관리실장을 겸하게 되었는데, 당시 롯데칠성은 1975년 이후 두 해 연속 적자를 기록하고 있었다. 이런 상황을 극복하기 위해 신 부회장에게 타 음료회사의 각종 데이터와 해외 성공 사례를 부탁하여 도움을 받을 수 있었다. 신 부회장으로부터 받은 많은 자료는 부실투성이 적자 기업의 경영 시스템을 혁신하는 데 유용하게 활용되었고, 비로소 롯데칠성은 1977년 획기적으로 흑자 전환에 성공하는 큰 기쁨을 누릴 수 있었다.

젊어서부터 신 부회장은 과묵하여 말이 앞서지 않고, 항상 친절이 몸에 배어 있어 어떠한 부탁과 의논을 하여도 모든 문제를 쉽게 대화할 수 있는 사람이었다. 특히 온화하고 세심한 성품으로 꼭 필요한 부분을 꼼꼼히 챙기는, 틀림없고 정확한 분으로 기억 속에 남아 있다.

1978년 그룹기획조정실 기획상무로 재직하게 되면서, 계열 기업이 점점 늘어나 신규 업종들의 기업군을 운영하게 되었을 때도 자료가 부족하거나 어려움이 닥치면 항상 먼저 떠오르는 사람이 바로 신 부회장이었다. 참으로 지난날을 회상하면 그 분께 많은 도움을 받으며 살았던 듯싶다. 그런데도 미안한 마음은 별로 들지 않는다. 세월이 흐르면서 우리가 이미 조언자의 관계를 뛰어넘어 서로를 위하는 마음이 깊이 자리 잡고 있는 까닭일까.

1981년부터 롯데건설 중동사업본부장으로 해외에서 보낸 5년 동안 국내의 모든 상황은 어느 시기보다 급변했다. 1985년에 귀국한 후 잠실 롯데월드 건설본부 본부장 겸 롯데백화점 건설 부문 대표이사를 맡게 되었는데, 해외에서 보낸 5년의 시간은 나로 하여금 국내 실정에 어둡게 만들었다. 신 부회장은 이런 나의 상황을 먼저 이해하고, 내가 주어진 소임을 다할 수 있도록 용기를 주었다.

이젠 지긋이 나이가 든 모습이지만, 만남의 순간마다 우리는 유창순 회장 앞에서 어색하게 만난 그 시절의 젊은 두 청년을 떠올리곤 한다. 어언 우리의 만남이 40년째로 접어들고 있다. 유창순 회장 앞에서 처음 만났던 그 젊은이는 이제 능률협회의 산증인, 아니 대한민국 산업 현장과 기업 역사의 산증인이 되어 자부심과 존경심으로 내 가슴속에 자리 잡고 있다.

세월이 너무나도 빠른 것 같다. 신 부회장과 함께한 지난 시간이 마치 물 흐르듯 저 멀리 흘러가 버린 것 같다. 부디 앞으로도 신 부회장께서 건강하여 그의 높은 경험과 연륜이 대한민국 기업 역사에 끊임없는 젖줄이 되어 주길 기원하며 이만 글을 맺는다.

〈C&그룹 건설부문 회장 · 전 롯데건설 사장〉

* * 항상 신나게 열정적으로 일을 추진하시는 분. 그 열정에 반하지 않을 사람이 아무도 없을 겁니다.

감사의 댓글

'열정이라는 이름의 전차', 이것이 최근에 이 분을 소개한 어느 잡지의 인터뷰 기사 첫머리입니다. 그러나 이 분의 용모와 인품 되심과 또 역량을 단 한마디로 표현하는 형용사를 감히 어디서 찾을 수 있겠습니까.

이 분께서는 일본 롯데그룹에 공채 1기로 발을 들여놓으신 이래 롯데그룹 기획조정실을 비롯해 그룹 안의 요직을 다 거치며 오랜 세월 한 집안의 살림을 두루 맡아 오신 최장수 공신이십니다. 본인께서도 본문에서 회고해 주셨습니다만, 그 마디마디에서 저를 마주치시며 언제나 도움을 주신 역사를 가지셨습니다. 근자에는 몇 군데 초빙을 받아 다니시면서도 저와는 기회가 닿는 대로 자주자주 만나오고 있습니다. 저와 거의 비슷한 시기에 시작하셔서 지금 또 비슷한 세월을 함께하는 이 분에게 더없는 영광이 계속되시기를 빕니다. 그것이 바로 저의 영광과도 겹쳐질 것이라고 믿기 때문입니다.

마주침이 아닌 만남

이승한 李承漢

법정은 '진정한 만남은 상호간의 눈뜸'이라고 했다. 영혼의 진동이 없으면 그건 만남이 아니라 한때의 마주침에 그칠 뿐이라며. 신영철 부회장과의 만남은 분명 마주침이 아닌 만남이었다.

신영철 부회장을 처음 만난 건 삼성테스코가 출범하고 얼마 지나지 않은 99년 즈음으로 기억된다. 직접 내 사무실을 찾아 준 신 부회장은 한국능률협회를 소개하고 활동에 참여할 것을 권했다. 직접 쓴 『신 사장의 편지』라는 책도 받았고, 짧은 시간인데도 비교적 많은 이야기를 나누었다. 말을 아끼며 주로 이야기를 들어주시는 겸손한 모습이 인상적이었다.

『신 사장의 편지』는 좋은 생각들이 에세이 형식으로 정리되어 있어 신 부회장을 많이 이해할 수 있었다. 취미로 그림을 좋아하시는 것이나, 37년생이라서 항상 37세로 살기로 정했다며 늘 꿈꾸는 청년으로 사는 것 등 나와 통하는 부분도 많았다. 많은 부분 공감하고 영혼의 진동을 느꼈다. 그래서 나는 신 부회장과의 만남은 단순한 마주침이 아니라 만남이라고 생각한다.

최근에도 한국와튼스쿨 1기 멤버로서 같이 공부할 때마다 뵙곤

하는데, 신 부회장은 평생 공부하는 분이다. 언어도 일본어 · 영어 · 중국어 · 스페인어 · 프랑스어 · 독일어 등 7개 국어를 하신다고 하니 놀라울 뿐이다. 젊은 나이에 마스터한 것이 아니라 최근까지 공부하는 것이어서 더욱 그렇다.

'1997년 3월 18일 드디어 연세대 외국어학당의 중국어 6급 전 과정을 수료하고 졸업증서를 받았다. 중국어를 시작한 지 만 1년 6개월.'

『신 사장의 편지』의 한 부분이다. 끊임없는 학습에 대한 열정이 존경스럽다. 신 부회장은 나이가 든다기보다 점점 성숙해지는 분이다.

나는 'get old' 란 말을 싫어한다. 그 대신 'grow old' 란 말을 써야 한다고 생각한다. 노화(老化)가 아니라 노입(老入)이며, 늙어 가는 것이 아니라 성숙하는 것이기 때문이다. 신 부회장이야말로 진정 'grow old' 란 말이 어울리는 분이 아닐까?

신 부회장이 한국능률협회에서 40년을 보냈다는 것은 무척이나 부럽고 뜻 깊은 일이다. 한 회사에서 40년을 근무한다는 것도 큰 복이지만, 경영 혁신과 서비스의 불모지나 다름없던 한국에서 '한국 산업 발전' 의 한길 40년이기에 더욱 의미가 있다. 신 부회장은 한국능률협회가 어려울 때나 좋을 때나 변함없이 곧은 성품으로 한길을 걸어온 한국능률협회의 산증인이며, 항상 새로운 도전의 불씨를 만들어 낸 분이다.

돌아보면 신 부회장의 40년 한길은 수많은 마주침과 만남이 공존하는 길이었으리라. 한국 산업 발전이라는 신 부회장의 40년 한길 걷기에서 진정 마주침이 아닌 만남을 가질 수 있었기에 나는 행복하다.

〈삼성테스코 사장〉

＊＊ WHARTON 수료식에서 두 가족 네 명이 함께했습니다 (왼쪽).

감사의 댓글

'짧은 만남, 긴 우정' . 사실 이 분과의 서두는 이렇게 여는 것이 옳겠다고 봅니다. 이 분을 생각하면 항상 참신하고 진취적이며 미래 지향적인 CEO의 전형을 보는 듯해 부럽습니다. 차세대를 이끌어 가실 중요한 국보급 인재이십니다. 저와는 근자에 와튼스쿨을 함께 마치셨고, 총동문회의 회장님으로서 저희들을 이끌어 주고 계십니다. 저와의 만남을 '단순히 마주침이 아닌 만남' 이라고 표현해 주신 말씀이 상징적인 의미로 새겨질 듯합니다.

길이 아니면 가시지 않은 …

이창세 李昶世

신영철 부회장님을 자주 만나뵐 수 있었던 시기는 아무래도 내가 한국설비보전공학 학회장을 맡아 볼 때였던 것 같다. 공식적인 능률협회 행사 때마다 만나뵙고, 가끔은 마포나루터라는 양곱창 전문집에서 소주잔을 건네며 부담없이 경영 혁신에 관한 이야기, 취미활동과 일상 일과에 대해 얘기를 나누었다. 이후 나는 인생의 선배로서, 사회의 선배로서 신 부회장님을 벤치마킹의 대상으로 생각해 오고 있다.

그 분 곁에는 늘 많은 책이 놓여 있다. 독서를 많이 하시니 자연 해박하다. 언제부터 그림을 그리는 취미가 있으셨는지 완전 프로급이다. 아침에 일어나면 간단한 아침운동을 마친 다음 샤워를 하고, 동서남북을 향해 고객님들께 문안을 드린다고 하셨다. "고객님들, 늘 사업 번창하십시오! 항상 능률협회를 도와주셔서 고맙습니다"라고. 가급적 1만 개의 고객사를 방문하시겠다는 계획도 들은 바 있다. 매일 두 회사씩 방문한다 해도 오랜 세월이 걸릴 텐데 꼭 실천하고 계신다고 한다.

신 부회장님은 결심과 집념이 강한 분이시다. 건강 관리도 잘하시는 편이라서 듣기에 매일 1만 5천 보를 걸으신다고 들었다. 저녁 퇴근 후 1만 5천 보를 못 걸었으면 잠자리에 들기 전에 밖에 나가 1만 5천 보를 꼭 채우신다고 한다. 어쩌면 아무나 따라 할 수 없는 독종(실례의 말씀)이랄까?

특히나 그 분이 「현대경영」에 쓰신 칼럼에서 50대 중반 연세에 연세대, 서강대 어학당에 다니며 영어 공부를 하셨다는 이야기를 접하고 놀라지 않을 수 없었다. 영어 밑천이 딸려 늘 고민만 하고 실천을 못하던 차에 자극을 받아(LG화학 상무 시절), 일과 후 강남영어학원에 등록하고 하루 네 시간씩 수개월 동안 공부를 했다. 또한 지금도 꾸준히 중국어 학원을 매일 아침 다니고 있다. 어찌 신 부회장님 덕이 아니라 하겠는가.

＊＊ 이 분의 어디에 제가 끌리고 있는지는 저도 모릅니다. 한결같은 성실성과 인간의 풍미 아닐까요? 왼쪽에 계신 분이 이창세 부회장님.

남들 같으면 은퇴하고 해외로 골프 여행이나 다니며 인생을 즐기실 연세에 신 부회장님은 지금도 늘 젊은이 못지않은 열정으로 능률협회란 큰 조직을 이끌어 가신다. 자기개발에 지속적으로 정진하는 것은 물론 집필 활동과 그림 그리기, 체력 단련에도 열심이시다.

신 부회장님은 잘 익은 조나 벼와 같이 고개를 숙이고 계신 겸손한 분이며, 길이 아니면 가지 않는 왕도의 길을 걸으시는 분이다. 언제나 그늘에서 상대방을 배려하시는 자세는 젊은 세대들이 본받아야 할 훌륭한 모습이다. 늘 건강하시고 대한민국의 경쟁력을 높이는 데 좋은 일 많이 해 주십사 부탁드리고 싶다. 훌륭한 점이 너무 많아 이야기할 내용이 많지만 지면 관계상 간단히 소개할 수밖에 없는 점이 좀 아쉽다.

〈케이씨텍 부회장 · 전 LG실트론 사장〉

감사의 댓글

이 분은 LG그룹의 전문경영인으로서 오랜 세월 많은 공을 세워 온 중진이십니다.

매우 학구적인 분위기를 지닌 분으로서 일찍부터 내외에서 많은 분들에게 존경받는 CEO 중의 CEO셨습니다.

저하고는 컨설팅 분야에서 많은 일을 함께하며 지원을 받아 왔습니다만, 일도 일이려니와 특히 인간관계 면에서 가까운 사이가 되어 요즘도 상호 존중하며 아주 좋은 인연을 이어 가는 중입니다.

'지란지교(芝蘭之交)'를 꿈꾸며

고영립 高永立

신영철 부회장님! 안녕하십니까? 가내 두루 평안하십니까? 늘 마음에 두고 있으면서도 찾아뵌 지가 한참이나 된 것 같습니다. 회사 일에 눈코 뜰 새 없이 바빠서라는 핑계가 참으로 무색하지만, 그래도 이해해 주시리라 믿습니다.

부회장님의 『한길 40년』 편찬 소식에 한편으로 대단히 자랑스러웠고, 또 한편으로는 화살 같은 세월의 흐름을 다시 한번 실감했습니다. 처음 뵈었을 때의 젊은 생각과 성실하심이 저의 뇌리에 깊이 각인되어 있기 때문입니다.

어느덧 세월은 그렇게 흘렀습니다. 지난 1960년대, 경제 개발을 시작할 때만 해도 우리나라는 세계에서 최빈국에 속하는 나라였습니다. 하지만 이제 대한민국은 GDP 세계 10위라는 대단한 성과를 거두고, 세계 여러 나라에서 본보기로 할 만큼 타의 모범이 됐습니다. 이러한 괄목할 만한 경제 발전에 한국능률협회가 큰 역할을 했음을 부인하는 사람은 없을 겁니다. 또한 경제 대국을 이끈 원동력의 중심에 신영철 부회장님이 계셨다는 사실은 대한민국 기업인 모두가 인정하고 있습니다.

이러한 우리나라의 경제 성장에는 지난 40년 동안 오로지 한길을 고집해 온 장인정신이 깃들어 있음을 압니다. 급변하는 경제 상황 속에서 기업의 체질 개선을 위한 올바른 방향 제시는 한길을 꾸준히 걸으면서 성실히 쌓아 온 노하우가 없이는 불가능한 것이기 때문입니다. 우리나라에 이런 분이 계시다는 사실이 얼마나 든든한지 모르겠습니다.

부회장님, 요즘도 책 많이 읽으시는지요? 지금도 책을 손에서 놓지 않고 계실 것 같습니다. 어쩌면 언어에 대한 남다른 애정과 감각으로, 서적을 번역하거나 직접 집필하고 계실지도 모르겠습니다. 부회장님이 직접 쓰시고 번역하신 책들은 경영에 관심이 있는 사람들에게 큰 도움이 되고 있습니다. 저도 가슴이 답답한 일이 생길 때마다 부회장님의 『신 사장의 편지』를 뒤적거리고 있습니다.

부회장님을 뵐 때마다 수필의 한 구절이 생각납니다. '저녁을 먹고 나면 허물없이 찾아가 차 한잔을 마시고 싶다고 말할 수 있는 친구가 있었으면 좋겠다' 라고. '지란지교를 꿈꾸며' 라는 수필의 한 대목이지요. 한참 후배 되는 제가 하기로는 조금은 외람된 말씀일지 모르겠지만, 부회장님께서는 이렇게 사람의 마음을 푸근하게 하는 매력을 가지셨습니다. 비록 상대가 한참 어린 사람이라 해도 조언이나 충고를 하기보다는 상대의 이야기를 충분히 듣고 스스로가 해결점을 찾도록 도와주는 분이십니다. 빠르게 변해 가는 경쟁 사회에서 보기 드물게 겸손의 미덕을 갖추신 부회장님을 마음으로 존경하고 있습니다.

불가에서는 옷깃만 스쳐도 인연이라는데, 안부를 여쭙고 때 되면 찾아뵙는 부회장님과의 인연은, 모르긴 해도 수백수천 억겁의 인연이 아닐까 생각됩니다. 이렇게 향기로운 인연을 늘 가슴에 품고, 부회장님의 앞선 성과들을 본받아 저도 제 자리에서 최선을 다하겠습니다.

마지막으로 당부드릴 말씀이 있습니다. 부디 건강하십시오. 아시다시피 제가 직접 큰 병을 얻고 나서 세상의 나락으로 떨어졌던 적이 있지 않습니까? 그때는 백만금도 필요없고, 꿈도 희망도 잃어버리고, 그저 살고 싶다는 생각뿐이었습니다. 건강을 잃은 후에야 건강의 소중함을 깨닫는 일은 부디 없으시기를 바랍니다. 아직 하실 일이 많으신 만큼 더욱 건강 관리에 신경을 써 주십사 당부드리는 바입니다. 그렇게 앞으로도 저의 든든한 정신적 버팀목으로 남아 주십시오.

＊＊ 이 분이 써 주신 '지란지교', 이 말이 저희들이 지향해 나갈 지표가 될 것 같습니다.

조만간 찾아뵙겠습니다. 소주 한 잔 함께 하면서 세상살이를 이야기 나눌 날을 기대하고 있겠습니다.

〈화승그룹 총괄 부회장〉

감사의 댓글

이 분이 본문에 적으신 대로 저희들의 만남을 가장 적절하게 표현한 말이 '지란지교'일 것입니다. 즉 지초라는 꽃과 난초라는 꽃이 만나는 향기로운 사귐이라는 뜻이지요.

공자님께서 일찍이 '선한 사람과 함께 있는 것은 향기로운 지초와 난초가 있는 방 안에 들어간 것과 같아서 오래되면 그 냄새를 맡지 못하게 되나니, 이는 곧 그 향기와 더불어 동화되는 것이고, 선하지 못한 사람과 같이 있으면 절인 생선가게에 들어간 것과 같아서 오래되면 그 나쁜 냄새를 알지 못하니……' (『명심보감』「교우편」에 나오는 말) 하는 말씀을 하셨는데 저희들의 친교도 그와 같다는 뜻입니다.

저와의 만남에 대하여 이와 같은 비유를 해 주신 것과 그 내용의 함축미에 깊은 감명을 느낍니다.

저는 서울에 거하고 이 분은 부산에 주로 계시니 거리로는 많이 떨어져 있지만, 그 향기는 서로 끊이지 않는 아름다운 관계가 지속되기를 원합니다.

제 5 장

넓은 세상, 로타리 광장에서 만난 분들

『한길 40년』 발간에 부쳐

김덕록 金德祿

1993년 3월 초, 화산 신영철 부회장과는 사회봉사 단체인 새문안 로타리클럽을 창립하기 위해 처음 만났다.

평소에는 말이 없던 신영철 부회장은 클럽 창립이 어려움에 부딪치자 다양한 지식을 바탕으로 조직적이고 구체적인 계획과 발언으로 조직을 리드했다. 그의 치밀한 전략은 준비위원들을 압도했던 것으로 기억한다.

마침내 1993년 6월 10일, 많은 분들의 축복 속에 새문안 로타리를 창립하게 되었고, 준비위원들의 만장일치로 신영철 회우가 초대 총무위원장에 추대되었다. 누구나 아는 사실이지만, 어느 모임이든 그 모임이 발전하려면 우선 유능하고 열성적인 총무의 역할이 중요하다. 그렇기에 신영철 부회장은 모임을 이끌고 발전의 견인차 역할을 할 적임자였고, 새문안 로타리가 발전할 수 있는 원동력이 되었음을 지금도 믿어 의심치 않는다.

내가 아는 한국능률협회(KMA)는 반세기의 역사 동안 일찍부터 우리나라 산업계를 선도하고 한국 기업 발전에 선구자적인 역할과 지도력을 발휘해 온 경제기관이다. 내가 이렇게 생각하는 데는 나름의 이유가 있는데, 능률협회는 사람을 중시하여 인재를 키워야겠다는 철학에 기초를 두고 있다고 여기기 때문이다. 정기적인 세미나와 조찬 모임 등에 인내를 가지고 투자하는 것이 바로 그 일면을 보여준다.

또한 능률협회에서 주최하는 시상 제도는 각 기업들이 노력의 경주를 통해 얻을 수 있는 성과물로 기업 경영에 자극제가 되니 이 역시 우리 산업계에 전달하는 의미가 크다고 할 수 있다.

현재 능률협회의 근간을 이루는 모든 업적들이 신영철 부회장의 리더십과 아이디어를 통해 만들어졌다는 사실에 놀라움과 함께 뿌듯함을 느낀다. 모두가 신영철 부회장이 40년간을 한 조직에 재직하며, 조직의 발전을 위해 한결같은 마음으로 업무에 임했기에 가능했을 것이다.

＊＊ 저희 새문안 로타리클럽 초대 회장님. 제가 총무로서 봉직하며 많은 것을 배웠습니다 (가운데 계신 분).

때론 신영철 부회장의 해박한 지식 때문에 그의 머릿속엔 큰 도서관이 들어가 있는 게 아닌가 하고 생각될 때도 있다. 그 지식과 넓은 아량이 능률협회를 튼튼하게 자리매김시키는 리더십의 원동력이 되었음은 말할 필요가 없을 것이다.

능률협회와 함께한 세월이 40년이라고 하니 현재의 능률협회는 그의 뚝심의 결과물이라 여겨도 틀린 말은 아닐 듯싶다. 한결같은 그의 성품처럼 그의 앞길에 영원히 한결같은 행운만 있기를 『한길 40년』 출판에 부쳐 기원해 본다.

〈하나코스 회장 · 전 나드리화장품 사장〉

감사의 댓글

이 분은 저희 새문안 로타리클럽의 초대 회장님이셨고 저는 그 밑에서 초대 총무를 맡아 1년 동안 봉사했습니다. 처음 만나 새로 만든 클럽이라 모든 것이 생경하고 서툴렀지만 이 분의 영도하에 많은 것을 배우며 임기를 마쳤습니다.
저는 그것으로 다 됐는 줄 알았는데 이 분은 지금도 제 앞에서 회장님 행세를 하려 하십니다. 언제나 깍듯이 모시지만, 조금만 수틀리면 눈빛이 달라지시지요.
로타리 운영에도 아주 독특한 고견을 가지고 계셔서 기본 룰보다는 그 내용에 무게를 더 두십니다. 그게 더 좋았습니다.
슈퍼모델 선발대회 심사위원을 오래 하셔서 지금도 그 안목이 보통이 아니십니다. 지금도 항상 제가 따라 배우고 있지요. 그런 의미에서는 제가 이 분과 가장 가까운 사이이라고 생각하고 있습니다.

화산 신영철 부회장과의 만남

안시환 安是煥

세상에 태어나서 오늘까지 많은 사람을 만나고 알고 지내 왔다. 어릴 때 동네 친구, 학교에서 만난 동창들, 군대에서 만난 전우들, 직장 생활을 오래 같이한 동료와 선후배들, 그리고 직장 생활을 시작한 이후 사회에서 만난 많은 사람들…….

학창 시절에 동창으로 알게 된 친구는 언제 만나도 허물이 없고 우정이 넘친다. 사회 생활을 하면서 같은 직장에서 또는 밖에서 알게 된 분들은 나에게 참으로 많은 가르침과 도움을 주신 고마운 분들이다. 그 분들이 있었기에 오늘의 내가 현위치에 존재하고 있음을 깨닫고, 항상 감사하게 생각하며 하루 하루를 살아가고 있다.

내가 신영철 부회장님을 알게 된 것은, 정확하진 않지만 1980년대 초반 어느 때인 것 같다.

삼성에서 젊은 CEO로서 한창 정신없이 회사 경영에 분주할 때였다. 내가 경영하는 회사를 방문하신 신영철 부회장님께서는 한국능률협회를 소개하시고, 회사가 도움받을 수 있는 일의 내용을 너무나 소상히 또 알기 쉽게 설명해 주셨다.

그것이 인연이 되어 어려운 일이 있으면 상의를 드리고 도움을 받았다. 뿐만 아니라 한국능률협회가 주관하는 조찬 모임에도 단골로 참석해 좋은 강의도 많이 들었다.

1993년 서울 새문안 로타리클럽을 창설할 때 창립회의에 나갔더니 뜻밖에 신 부회장님이 거기에 계셨다. 얼마나 반가웠던지 지금도 기억이 생생하다.

그때부터 지금까지 로타리 활동을 같이하고 있다. 매주 수요일마다 아침 7시 30분에 만나 회의하고 봉사활동도 하면서 친형 이상으로 가깝게 모시며 지내 오고 있다. 우리 두 사람의 사무실이 여의도 공원을 가운데 두고 마주 보고 있어(국민일보 빌딩과 한화증권 빌딩) 어느 누구보다 자주 만나고 마음이 통하는 사이로 생각한다.

나는 항상 신 부회장님께 인간적인 매력을 느낀다.

나도 학교 졸업 후 삼성에 신입사원으로 들어가 10년차에 임원으로 선임되고 20년차에 최고경영자로 선임되어 그 후 10년 동안 여러 회사의 사장으로 일해 왔다. 이처럼 30년간 삼성에 몸담아 온 것을 자랑으로 여기고 있는데, 신 부회장께서는 오늘까지 만 40년을 한국능률협회에 봉직하셨으니 저절로 머리가 숙여진다.

말이 40년이지 그 기간 동안에는 어려움도, 힘들 때도 많았을 터인데 묵묵히 인내하시고 훌륭한 발전을 이룩하신 공로는 경탄스럽기 그지없다.

신 부회장님은 언제 보아도 평생 공부하는 자세로 자기연마와 개발에 노력을 아끼지 않는다. 금년에도 한국와튼스쿨에서 공부하시는 것을 보고 더더욱 그러하심을 깨달을 수 있었다. 늘 자기관리에 철저하고 항상 젊게 사는 지혜를 가지신 분이다. 주위 사람의 말을 경청하시고, 겸손과 친절이 몸에 배어서 이 분을 싫어하는 사람을 본 적이 없다.

훌륭한 인격과 능력으로 주위 많은 사람들로부터 존경받는 화산 신영철 부회장님! 언제나 37세의 젊음을 그대로 유지하시고, 훌륭한 일 더 많이 이룩하소서.

항시 행운과 큰 영광이 함께하시길 기원합니다.

〈딜로이트 회계법인 회장 · 전 삼성전자 사장〉

＊＊ 제가 가장 부러워해서 벤치마킹의 대상으로 생각했던 분. 지금은 로타리 동료로서 함께하고 있습니다 (왼쪽).

감사의 댓글

이 분은 일찍이 삼성그룹 이병철 회장님께 임원으로 발탁되어 중앙개발 사장님을 위시해서 그룹 안 요직을 두루 거치신 분이라, 한때는 제가 찾아뵈러 가면 제 자리를 찾아 앉지도 못하고 긴장해서 떠는 그런 관계였습니다. 세월이 지나 이 분께서 더 원숙해지시면서 저를 부드럽게 대해 주시기에 제가 조금 마음을 놓게 되었는데, 결정적인 계기는 같은 로타리 멤버가 되고 나서부터였습니다.

글쎄, 아무리 친목과 봉사를 모토로 만들어진 클럽이지만 제가 먼저 회장이 됐으니 이를 어쩝니까? 할 수 없이 이 분께서도 저를 깍듯이 회장님이라고 부르시게 되었지요. 저도 알게 모르게 그 회장이라는 호칭에 감명을 받아 언제나 제가 회장인 줄만 알고 유세를 부리고 있었습니다. 그러다 나중에 이 어른께서 회장을 하시면서 저와의 관계가 피장파장이 되었고, 난세가 평정되어 지금은 행복한 평화협정 상태를 유지하고 있습니다.

로타리클럽이 이래서 좋은 것 아닙니까? 참으로 아름답고 유복한 관계라고 생각합니다.

제가 로타리클럽의 멤버가 되지 못했더라면 어떻게 이처럼 많은, 훌륭하시고 각자의 개성이 풍부하신 분들을 고루 만나 교제할 수 있었을까 하는 생각을 합니다.

그러기에 저는 이 분과 가장 가까운 관계를 유지하면서, 항상 로타리인의 자긍심을 가지고 하루하루 성실하게 봉사하는 삶을 살아갈 것입니다.

생각하고 또 생각하고…

김재우 金在祐

신 부회장은 항상 웃는 얼굴이다. 세상을 살다 보면 기분 좋을 때도 있고 속상할 때도 있다. 그런데도 이 분의 모습은 언제나 미소를 머금고 있다.

내가 이 분을 가깝게 뵌 것은 1993년 5월, 새문안 로타리클럽을 만들 때부터이다. 지금부터 13년 전의 일이지만, 어느 면으로 보아도 총무를 맡을 분이라고 생각하기엔 너무 중후(?)하셨다. 그런데도 선뜻 초대 총무를 수락하여 궂은일은 혼자 맡다시피 클럽의 기초를 튼튼히 다진 결과 새문안 로타리클럽은 오늘 국제 로타리 3650지구의 훌륭한 클럽으로 발돋움하게 되었다.

조용하게 실천하는 분이다. 우리 주변을 보면 지는 높지만 행이 뒤따르지 않는 경우가 허다하다. 격변하는 세상 변화를 읽고 배우기 위한 조찬회가 이런저런 단체 이름으로 진행되고 있지만, 능률협회 경영자 조찬회처럼 6시 50분에 시작하는 데도 없거니와 4백명이 넘는 최고경영자 조찬회를 마치 물 흐르듯 매끄럽게 진행하는 다른 곳을 나는 알지 못한다. 많은 회원들이 일시에 도착하기에 간혹 엇박자(?)가 생길 법하다 싶어 관심을 갖고 유심히 지켜보면, 신 부회장이 눈동자로 소리 없이 총지휘를 하고 있음을 알 수 있었다.

철학을 공부하셨다는 사실은 진작에 알고 있었지만 언젠가 신 부회장께, 대학에서 철학을 전공하여 지금 무엇이 남아 있는지 질문한 적이 있다. 신 부회장은 마치 선문답이라도 하듯이 'Sein ist denken' 이란다. 내가 이 짧은 철학적 표현의 의미를 논하기는 어렵지만 이 분의 미소 짓는 표정과 조용한 실천력의 바탕은 바로 Sein ist denken, 즉 항상 생각하고, 생각하고, 또 생각하기 때문일 것이라고 주제 넘은 생각을 해 본다. 이런 훌륭한 분을 적어도 한 달에 세 번 이상이나 가까이 뵐 수 있다는 데에 감사할 뿐이다.

〈아주그룹 부회장 · 전 (주)벽산 사장〉

＊＊ 저희 새문안 로타리클럽의 실질적인 산파역. 이 분께서는 자매 클럽 만들기에도 큰 힘을 다하셨습니다.

감사의 댓글

이 분의 함자 앞에는 항상 요란한 수식어가 붙어 다닙니다. 일찍이 29세라는 젊은 나이에 삼성물산 초대 런던 지점장, 32세에 사우디아라비아 1억 달러 수출계약, 그리고 37세에 삼성그룹 최연소 임원으로 발탁되신 일 등 그 경력과 기록을 다 얘기하자면 지면이 모자랄 정도입니다.

이 분을 처음 뵙게 된 것은 삼성중공업 부사장님 방 옆의 접견실 같은 자리에서였습니다. 거기서 새문안 로타리클럽의 창립 발기인 모임이 있었기 때문이지요. 그러니까 이 분은 저희 클럽의 산파역을 맡아 수고해 주신 분이십니다. 이 분의 열정과 리더십을 그때 피부로 느낄 수 있었습니다. 회장과 총재 보좌역을 겸해서 맡으시면서 별도로 자매 클럽을 탄생시키고 뒤를 보아주시는 등 저희들로서는 감히 상상도 할 수 없는 일을 훌륭히 꾸려 내셨습니다.

그 후 벽산그룹에 가셔서 엄청난 변혁의 과정을 만들고 이끌어 커다란 화제를 불러일으킨 일은 아마도 많은 분들의 기억 속에 생생히 남아 있을 것입니다. 지금은 아주그룹의 건설 분야 부회장님으로서 대표이사님 역할을 충실히 수행하시는 한편 경영혁신 분야에서 더 큰 역할을 맡아 하시는 등 매우 바쁘신 한 분입니다.

저로서는 그냥 부러움의 대상으로, 항상 뒤따르며 배워 가는 입장에 있습니다.

이제 혁신과 개혁의 전도사라는 호칭을 이 분께 돌려드려야 할 때가 온 것 같습니다.

화산 신영철 회장님

송수식 宋秀植

한국능률협회에선 부회장님이지만 나에겐 새문안 로타리클럽의 화산 회장님이시다. 1996년, 로타리 안의 초년병으로 화산을 만났다. 첫 만남에서 화산이 준 인상은 묘했다. 후딱 느끼기엔 근엄한 용모(마치 초등학교 교장 선생님 같은)인데 대화를 나누면서 쓰는 몸짓은 천진한 사람 같기도 했다. 상대방을 향한 인사치레에는 겸손이 배어 있었다. 본인은 듣기 싫을지 몰라도 나보단 한참 선배인 줄 알고 잔뜩 조심을 했는데 알고 보니 나이는 형님이시지만 학번은 비슷했다. 다시 말해 무게가 꽤나 실려 있다는 얘기다.

이 세상을 살면서 전혀 직업도 다르고 노는 물도 다른 사람들이 일주일에 한 번씩 꼬박꼬박 만나는 모임은 아마 로타리클럽밖에 없을 것이다. 전생에 무슨 큰 인연이 있어 만나는 것이라 생각되어 즐거운 마음으로 참여하고 있다. 그런데 화산은 분명히 개근이고, 학교로 치면 맨 앞줄이 지정석이다. 요즘 말로 하면 틀림없는 '범생' 인데, 모르긴 해도(워낙 속내가 깊어서) 자신과의 약속을 지키느라 꽤나 고생하는 분이라 생각된다. 매사에 철저한 것이 몸에 배어 있다. 공적으로든 사적으로든 입 밖에 뱉어 낸 말은 틀림없이 지키는 분이다. 때로는 본인 나름대로 눈치채이지 않게 노력하지만, 심지어 농담을 해도 자신이 쳐 놓은 공식의 틀을 절대로 벗어나질 못하는 것 같다.

화산의 인생에 대해 아는 것이 별로 없어 단정을 못하겠지만, 살아오면서 세상풍파 다 겪고 자신만을 믿으며 외길을 걸어오신 선지자처럼 웬만해선 흔들리지 않는 '주체 있는 자신'을 지키고 있다. 참으로 존경스럽다.

어느 날 우연히 자신의 건강을 지키기 위해 시간을 쪼개어 여의도 공원을 걷는 모습을 훔쳐 본 적이 있다. 한때 건강이 안 좋으시다는 얘길 듣고 저렇게 열심히 살아오신 분이 얼마나 그 고통을 이겨 나가기가 힘들까, 생각한 적이 있었다. 그런데 로타리클럽에 나타나신 화산의 모습은 그 어느 때보다도 밝았다. "나 건강하오." 어느 한 점 건강에 문제 있는 분이 아니다. 정말로 대단한 정신력의 소유자다.

혼자서 노력하신 어학 실력이 5개 국어를 구사하신다니 놀랍고, 그러면서도 어디 하나 오만함이 없으시니 더욱 놀랍다. 어떻게 보면 자수성가의 산 표본이라 하겠다. 그런데 위대하신(?) 화산도 약점이 있다. 내가 보기엔 자신이 얽어맨 생활의 틀(rule) 속에 감금당해 있단 말이다. 모든 것의 달인이 되면 가장 자유로워져야 하는데 아직도 빈틈이 없어 재미가 없다.

이제 실수도 조금 하시고, 빈 구석도 보여주시는 것이 어떨지요. 하여튼 '인간 승리'의 화산, 한길 40년은 멋진 인생이오…….

〈송신경정신과의원 원장 · 전 서울적십자병원장〉

** 제가 참여하고 있는 '명사미술전' 2006년 전시회에 나와 주신 송수식 박사님 (오른쪽). 이 분이 와 주신 덕분에 전시회가 더욱 빛났습니다.

감사의 댓글

이 분이야말로 우리나라 신경정신 계통 의학계의 태두이시며 영원히 상좌에 계셔야 할 정신적인 대부님이십니다…….

이렇게 거창하게 호칭해 드리지 않으면 제가 나중에 제가 혼쭐을 맞습니다. 일찍이 적십자병원 원장님을 역임하시고 그 지고지대하신 명성에 힘입어 공영방송인 KBS의 '아침마당' 에 10년 넘게 출연해 자리를 빛내시는 등, 그 성가를 한마디로 다 표현할 수 없는 분이십니다. 저희가 매년 봄과 가을 '문화답사여행' 을 가는데 그때마다 여성들의 인기를 너무 독차지하셔서 다녀오면 배아파하는 동료가 많습니다. 그러면서도 저희들은 이 분이 안 계시면 못살겠다고 아우성들을 치지요. 저희들은 그만큼 아부에 능합니다. 이런 문화가 바로 로타리 문화가 아닌가 합니다.

그 속에서 당당히 서신 수곡 송수식 박사, 이 분이야말로 저희 클럽의 국보 같은 분이십니다.

우리의 영원한 청년 칸트, 화산(華山)

박호군 朴虎君

금년이 화산 신영철 부회장님이 한국능률협회 생활 40년이 되는 해라는 말을 들었다. 40년 세월을 오직 한길만 매진해 오셨다니, 무한한 존경과 함께 어떻게 하면 한 직장에서 그 긴 세월을 무사히(?) 지낼 수 있는지 도무지 상상이 가지 않는다. 지(智), 인(仁,) 용(勇)을 두루 갖춘 사람 아니면 도저히 흉내도 낼 수 없는 일이다.

"감축 드립니다. 누구도 하기 어려운 일을 하고 계십니다."

어느 날 화산께서 내부연사로 강연을 하셨는데, 그 날의 강의는 나에게 깊은 감명을 주었다. "나는 영원한 37세입니다. 작년에도 37세, 금년에도 37세, 내년에도 37세입니다. 햇수는 지나가더라도 나는 1937년에 태어났기 때문에 영원한 37세이며, 그런 마음으로 살아가는 나의 마음도 37세입니다. (……) 지금 협회 생활 30년이 지났지만 이제 겨우 전반전이 끝났고, 나는 새로운 후반전을 맞이하여 새로운 목표를 설정하였습니다. 지금부터 새롭게 1만 개의 기업을 방문할 것을 새 목표로 정해 매일 실천하고 있습니다."

아마도 그때가 화산께서 인생 60을 넘기고 한국능률협회 생활 30년이 훌쩍 넘으신 때였음에도 불구하고, '나는 영원한 37세' 라고 말씀하시는 것이었다. 처음에는 무슨 말씀인지 의아했으나 곧 그 의미를 알아차리고 감탄을 금치 못했다. 바로 이러한 도전하는 정신, 한결같고 꾸준함, 인생의 목표를 설정하고 실천하는 기획력과 추진력, 열정, 신념 등이 화산만이 지닌 고유의 트레이드마크이다.

화산 하면 능력과 철학과 유머를 두루 갖추신 분이라는 이미지가 제일 먼저 떠오른다. 젊은 사람들과 격의 없이 대화를 나누고 항상 함께하려는 자세는 우리가 본받아야 할 것이다. 어느 날 이런 저런 이야기 속에 요즘 젊은 사람들은 참 철이 없다는 말이 나오자 화산께서 "맞아요, 나도 철이 없어 철이 들려고 서울대 철학과를 다녔지요. 그래도 지금 겨우 37살이거든요!" 라고 하셔서 같이 있던 사람들이 배꼽을 잡고 웃은 기억도 있다.

화산께서는 6개국 언어를 습득하시고, 최근에는 KMA에서 창설한 '와튼스쿨 경영자과정' 을 1기생으로 수료하셨다고 들었다. 그의 배움에 대한 의욕은 또한 예술 분야까지 침투해, 벌써 여러 해째 명사미술전에 출품하시어 우리를 기쁘게 하기도 했다. 앞으로는 어떤 분야를 섭렵하시어 우리를 놀라게 할지 기대가 크다.

또 한 가지 빼어 놓을 수 없는 것은 그의 철저함과 정확성이다. 로타리클럽은 매주 수요일 아침 7시 30분에 주회를 갖는다. 그는 매주 출석은 말할 것도 없고, 그가 나오면 "아! 이제 7시 25분이구나" 할 정도로 시계와 같은 정확성과 성실성을 함께 갖추었다. 그래서 우리는 그를 '새문안 로타리의 칸트' 라고 부른다.

"화산 대인, 대인께서는 후학들에게 삶의 근본을 보여주시고, 인생의 선배로서 큰 가르침을 주고 계십니다. 이제 40년을 정리하고 새로운 40년의 시작에 서 계십니다. 후반에도 전반에서처럼 열정과 투지, 추진력, 그리고 인(仁)을 발휘하시어 많은 업적과 삶의 모범을 보여주시기 바랍니다. 우리들 곁에서 늘 건강하십시오."

인생의 형님 같으신 화산의 '한길 40년' 출간에 참여할 수 있는 기회를 주셔서 감사합니다. 다시 한번 감축 드립니다.

〈인천대학교 총장 · 전 과학기술부 장관〉

＊＊ 사진에 나타난 모습 그대로 저희 로타리 클럽 최고의 신사분으로, 언제나 자세가 흐트러지지 않으십니다. 멋진 국제신사분이시지요.

감사의 댓글

한국과학기술연구원장 · 과학기술부 장관 · 인천대학교 총장……. 이 정도의 경력이시면 저희들 클럽의 최고의 우상이시지요. 그래서 이 분의 글을 받기 위해 두 달 이상을 기다려 왔습니다. 이 분이 빠지시면 정말 허해서 책이 되지 않는다는 말씀들이었지요. 끈질긴 '기다림' 끝에 마지막의 마지막으로 박호군 총장님의 글이 도착했을 때 저희들은 만세, 만만세를 불렀습니다.
이런 분을 제 인생의 '영원한 우상'으로 가까이 모시며 따라가는 그런 삶을 살아가고자 합니다. 그런 면에서 저는 이미 무한한 복을 받고 있는 것으로 생각합니다. 건승하십시오.

제 6 장

일본에서 온 축하, 격려의 말씀들

시종일관 참고 견뎌 온 분 _ 우에노 이치로
신영철 부회장님과의 열매 많은 세월 _ 토미사카 요시오
금후의 더 큰 발전을 _ 우메지마 미요
일본 친구로부터의 축하 메시지 _ 호시노 데츠오
신 부회장님으로부터 배워 얻은 것 _ 고바타 도모조
Cool Head, Hot Heart의 주인공 _ 사이토 쇼고

시종일관 참고 견뎌 온 분

우에노 이치로 上野一郎

신영철 부회장님이 올해 근속 40년을 맞이하셨습니다. 오랜 세월 한국능률협회의 발전에 기여하고 지대한 성과를 올린 데에 대해 진심으로 경의를 표하고자 합니다.

제가 신 부회장님을 처음 뵌 것은 1972년경으로, 협회가 발족한 지 그다지 오래 지나지 않았을 무렵입니다. 경영에 매우 노고가 많았던 시절이었습니다. 협회 활동의 폭을 넓혀 여러 가지 사업을 시작하고자, 그 힌트를 우리 산업능률대학과 일본의 능률단체 · 경제단체 등에서 찾을 때였습니다.

신 부회장님은 당초 묵묵히 기관지의 편집을 하고 계셨습니다. 인사 변동이 꽤 심했는데도 시종일관 협회에 머물러 열심이셨습니다. 그때 사업 내용을 정리하여 세미나 · 컨설팅 · 강연회 등을 시작한 뒤 우리 대학의 통신교육을 사업의 하나로 추가하기 위해 72년 이후 거의 매년 우리 대학을 방문해 연구, 마침내 사업을 시작했습니다. 그 후 VE교육을 사업에 추가해 협회 스태프가 우리 대학에 찾아오거나 우리 쪽에서 백업을 위해 신세를 지거나 하면서 교류가 잦아졌습니다. 그렇게 해가 지나면서 신 부회장님은 차차 경영의 중

＊＊ 지난 40년 동안, 제가 일본에 발을 붙이는 데 큰 도움을 주신 인생의 대부이십니다.

심을 차지해 오늘날 한국능률협회의 중심 인물이 된 것입니다. 지난날을 회상하면 한국능률협회의 화려한 발전은 송인상 회장님의 지도하에 신 부회장님의 분발이 큰 힘이 되었습니다.

이야기가 바뀝니다만, 1987년 제가 신 부회장님을 뵈러 협회를 방문해 이야기를 나누다 저의 먼 선조가 한국에서 전사했다는 이야기를 드린 적이 있습니다. 이후 뜻밖에도 선조의 전사 장소를 찾는 일에 송 회장님은 물론 신 부회장님에게 많은 도움을 받았습니다. 역사조사회에 연락을 해 주시는가 하면 일부러 현지까지 동행하시는 등 수고를 아끼지 않으셨습니다.

여하튼 4백 수십 년 전의 이야기다 보니 제가 가진 정보라고는 '화선포의 큰 강에서 전사' 했다는 것뿐이었습니다. 그렇기에 화선

포가 개성부, 큰 강은 임진강, 전사한 장소는 강의 남쪽임을 알았을 때 기쁘기 짝이 없었습니다. 덕분에 저는 그 강가를 걸으며 전사한 양군 전사자의 영혼과 선조의 영혼에 묵도를 올렸습니다. 이러한 기회를 주신 송 회장님과 신 부회장님 두 분의 따뜻한 친절에 깊이 감사드립니다.

끝으로 귀 협회의 발전과 신 부회장님의 더 큰 활약을 기원합니다.

〈학교법인 산업능률대학 최고 고문〉

감사의 댓글

일본 산업 발전의 전 과정을 통해서 가장 교육적으로, 그리고 체계적으로 그 밑바탕을 이룬 기반은 과학적 관리법을 근간으로 하는 능률증진 운동이었습니다. 그 발전의 원동력이 되어 주신 우에노 요이치 선생님을 일본에서는 '능률의 아버지' 로 숭앙하고 있습니다.

그리고 그 분의 대를 이어 오늘에 이르기까지 그 전통을 계승 발전시켜 대학과 사회교육 연구기관으로 키우신 분이 우에노 이치로 선생님으로서, 이 분의 시대에 와서 그 규모는 비약적으로 발전했으며 우리나라도 그 영향에 크게 힘입어 성장해 왔다고 봅니다.

이 분께서 저희들을 통해 우리나라 산업 교육과 컨설팅, 그리고 인재 양성에 힘을 기울여 주신 역사는 어언 40년 이상이 되고 있습니다. 맨 처음 협력의 과제로서 통신교육이 대대적으로 우리나라에 보급되었고, 뒤를 이어 이 대학이 가진 전 분야의 교육 또는 컨설팅 과정의 인재 양성 프로그램이 체계적으로 도입되어 저희들의 기반을 이루게 되었습니다.

그 오랜 동안의 지대하신 관심과 격려에 다시 한번 깊은 감사를 올립니다.

신영철 부회장님과의 열매 많은 세월

토미사카 요시오 富坂良雄

한국의 매니지먼트 단체를 대표하는 한국능률협회(KMA) 신영철 부회장님과의 만남은 벌써 30년을 거슬러 올라갑니다. 그럼에도 불구하고 지금까지 매년 만남의 기회를 얻어 간담회를 가질 수 있다는 것은 더할 나위 없는 즐거움입니다. 오랫동안 보여주신 변함없는 우의에 감사드릴 따름입니다.

경영 단체를 운영하는 같은 입장에서 전문 단체의 경영전략, 조직전략 및 인재 육성에 대해서 활발하게 의견을 교환하고, 서로 본부 사무실을 방문한 지금까지의 경험이 매우 귀중한 추억으로 떠오릅니다.

매년 새해가 되면 신 부회장님이 여러 간부를 거느리고 우리 동경본부 사무실을 방문하시는 것은 오래된 연례행사가 되었습니다. 일본능률협회(JMA)측에서도 저를 비롯한 간부가 출석하여 신 부회장님 일행을 맞이하였습니다. 경제 환경의 동향에 대해서 의견을 교환하고, 진지하게 서로의 신사업개발, 조직 개혁에 대해서도 최신 정보를 나누었습니다. 그럴 때마다 신 부회장님의 변화, 개혁에 대한 결단력과 스피드는 감탄스러울 지경이었습니다.

＊＊ 일본능률협회 현 회장님 (왼쪽). 저희 집사람도 함께 동료가 되어 있습니다. 저희들은 서로 신뢰와 협력 속에 발전의 길을 가고 있습니다.

또한 회의 중에 웃는 얼굴로 끊임없이 온화하고 여유 있는 분위기로 이야기하고, 자주 웃음을 자아내는 화제를 만드는 데 뛰어난 점이 인상적이었습니다. 동행한 간부들도 매우 진지하고, 항상 신중하게 메모를 하고 이야기하는 모습이 좋았습니다. 아마 우리들 가운데 신 부회장님이 리더로서 제일 어른스러웠던 게 아닌가 생각됩니다. 이러한 만남은 신년의 즐거운 정례 미팅으로 정착되어 있습니다.

신 부회장님은 구미를 비롯하여 중국 등에 글로벌한 레벨로 많은 지기를 가지고 해외의 매니지먼트 정보 수집에도 열심이었습니다. 우리도 그 정보의 일부분을 듣고 그 큰 뜻에 감명을 받았습니다. 신 부회장님은 한국 산업계를 위해 생생한 매니지먼트 정보를 수집하고 분석 · 해설을 덧붙여 제공하고 계셨습니다. 한국 기업을 위한 대외 정보 수집의 첨병 역할을 정열을 들여서 하고 계셨습니다. 정말로 대외적인 교섭과 교류에 적합한 재능과 인품을 가진 분입니다.

우리도 KMA 본부를 몇 번인가 방문하였습니다. 간부 여러분을 소개받고 KMA의 조찬 강연 기회를 얻기도 했습니다. 한국 기업 경영자와의 인맥 조성, 상호 신뢰관계 조성에 대단한 수완을 발휘하고 있는 모습을 눈앞에서 뵐 수 있는 기회였습니다.

또 본부 사무실은 정리정돈은 물론 모든 면에 빈틈이 없고 청결하며 기능적이어서 훌륭한 모델이란 인식을 얻었습니다. 특히 사원들의 예의 바른 인사가 인상적이었습니다. 사원 교육에도 강한 관심을 가지고 있음을 알 수 있었습니다.

JMA가 주최하는 매년 3월의 생산혁신대회에는 한국에서도 많은 매니저, 엔지니어가 참가합니다. 지금은 상호 교류가 활발하게 이루어지고 있습니다만, 이 역시 초기 단계에서 신 부회장님이 큰 역할을 해 주신 덕분입니다.

삼성전관의 간부 임원, 그리고 신 부회장님과 대회 종료 후에 회식한 기억도 아직 신선하게 남아 있습니다.

변화가 격심한 글로벌한 세계에서 한국 산업계에도 이제부터 국제 교류와 경영 개혁은 더욱더 필수적입니다. 부디 몸 건강하시고 신 부회장님의 많은 활약을 기대합니다.

〈일본능률협회 회장〉

감사의 댓글

일본능률협회의 창립은 금년으로 만 65년을 지나 저희 협회보다 꼭 20년을 앞서 있습니다. 그런 의미에서 일본 능률운동의 역사와 저희들의 시발 단계는 처음부터 대략 20년 정도의 격차를 안고 있습니다.

근자에는 저희들의 발전 속도가 엄청나게 빨라지고 경쟁력도 크게 향상되어 양국간 격차가 크게 줄어들었다고는 생각됩니다만, 그 중요한 원동력이 만들어지기까지는 일본능률협회의 지원과 격려가 결정적인 힘이 되었다고 봅니다. 물론 지난 수십 년 동안 저희들이 매년 매월 일본능률협회를 여러 형태로 수없이 찾아다니면서 열심히 공부하고, 그 사상과 지식과 기법들을 도입하여 이 땅에 보급하기 위해서 노력해 온 것도 발전의 다른 한 힘이라고 하겠습니다.

그런 점에서 저희들에게 커다란 힘이 되어 주신 관계자 여러분께 깊은 감사의 말씀 올립니다.

금후의 더 큰 발전을

우메지마 미요 梅島みよ

40년의 자취를 담은 기념문집 출판을 축하드립니다. 오랜 세월에 걸쳐 보여주신 활약에 진심으로 감명을 받았습니다. 한국능률협회에 1966년부터 근무를 하셨다고 합니다만, 저희 회사 MSC의 창립도 같은 해여서 더욱 두터운 인연을 느낍니다.

처음 신 부회장님을 뵌 것은 어세스먼트 세미나를 한국에서 실시하게 되었을 때였습니다. 이후 서울에서 어세스먼트 세미나, 강릉에서 어세스 양성 일주일, 금성사 인화원에서의 연수 등 폭넓게 소개를 받아 매번 신세가 많았습니다.

세미나와 연수를 담당할 때마다 한국 기업 관리자의 뛰어난 어세스먼트 능력과 인간관계 유지를 위한 배려에 강한 인상을 받았습니다. 당시의 즐거운 추억이 남아 지금도 출석한 여러분의 얼굴이 눈앞에 선합니다.

신 부회장님을 미국 DDI사의 CEO, 특히 W. C 바이암 박사에게 소개해 드리기도 했습니다만, 한국능률협회의 글로벌한 활동 파워에는 신 부회장님의 노력이 크다고 알고 있습니다. 특히 영어와 일본어에도 능숙하셔서 저희와의 커뮤니케이션도 자유스러우시니 그 뛰어난 재능에 매번 경탄하게 됩니다. 넘치는 능력은 어학에 머물지 않고 회화에도 뛰어나 저에게도 한 폭의 아름다운 유화를 선물하셨습니다. 다시 한번 감사합니다.

인화원 원장 김용선 님으로부터 식사 초대를 받았던 일이 기억납니다. 한국어로 "초대에 감사드립니다"라는 인사말을 가르쳐 주셨는데 정작 자리에서는 제가 잊어버리고 말아 신 부회장님의 노력을 헛되게 한 적이 있었습니다. 그때는 어찌나 죄송하던지요.

이번 『한길 40년』을 만드시면서 잊지 않고 저에게까지 원고 의뢰를 주셔서 감사합니다. 신 부회장님을 비롯하여 한국능률협회 여러분의 앞날에 더 큰 발전을 기원합니다.

〈MSC 회장〉

** 일본 산업교육 분야를 대표하는 여걸이십니다. 저에게 많은 것을 가르쳐 주신 은사님이시지요.

감사의 댓글

우메지마 회장님은 흔히 남성들이 지배하고 있는 일본 사회에서 너무나도 '유니크' 하신, 대표적인 이 분야의 전문 경영인이십니다. 전후 완전히 파괴되고 피폐해진 일본에서 나라를 다시 세워 가는 과정은 참으로 처참했고 말처럼 쉬운 일도 아니었을 것입니다.
이 분은 당시 일본에 주둔했던 미군 기관에 근무하시면서 처음으로 미국식 사고와 합리주의를 접하시고, 그들의 교육 과정에 참여해 듣고 배우며 그 우수성을 일본에 전파하는 데 전력을 쏟으셨다고 합니다. 그 후 미국의 최고급 교육 컨설팅 기관을 통해서 인재양성과 그 선발을 책임지고 있는 기업 DDI와 제휴, 일본 기업에 보급하고 단계적으로 아시아 지역에 보급하는 역할을 담당하고 계신 분입니다.
그간 수많은 노고를 바탕으로 여러 훌륭한 업적을 쌓음으로써 일본의 산업 사회에 찬란한 역사를 이룩해 놓은 것으로 믿습니다.
저희들과도 같은 제휴 관계 때문에 긴밀한 연계를 가지고 다년간에 걸쳐 협력함으로써 많은 발전을 해 올 수 있었습니다. 까다로운 미국 기업과 오랫동안 제휴해서 일해 오는 과정에서도 이 분의 절대적인 지원이 언제나 큰 힘이 되었습니다. 그 동안 베풀어 주신 은덕에 대해서 깊은 감사의 인사 올립니다.

일본 친구로부터의 축하 메시지

호시노 데츠오 星野鐵夫

예전에 KMAC로부터 TPS(도요타 생산 방식)의 이념과 실천을 한국의 현장 리더들에게 가르쳐 달라는 부탁을 받았습니다. 일본의 교류는 개인과 기업의 교류가 베이스라는 것이 저의 생각이었기에 흔쾌히 받아들인 것이 지금부터 17년 정도 전의 일입니다.

한국 주요 기업의 과장 직급의 사람들 20명 정도가 3개월간의 스케줄로 연수를 시작하였습니다. 저도 강사로서 참가하여 현장 실습도 1개월간 체험하였습니다. 이후 점차 폭이 넓어지면서 1만 명 이상의 연수생을 받아들이고 있습니다. 그 계기가 신 부회장님이었습니다. 마음으로부터 경의를 표하고자 합니다.

저는 1936년 생으로 신 부회장님과는 동년배입니다. 그리고 서로의 식습관, 술을 매우 좋아한다는 공통점도 있고 해서 공히 친분을 교류하고 있습니다. 자택에 초대를 받아 부인의 요리를 맛볼 수도 있었으며 몇 번이나 일본과 한국에서 식사를 함께하였습니다. 그는 뛰어난 화술과 훌륭한 인품으로 모임의 분위기를 즐겁게 하는 재주꾼이기도 합니다.

당시 러시아어에 도전하고 있다는 이야기를 듣고 그 전향적인 자세에 놀랐습니다만, 지금은 와튼스쿨 CEO 과정에 도전하고 있다는 말에 다시금 놀랐습니다.

한국과 일본이라는 나라와 나라와의 관계에서는 여러 가지 곤란한 일이 있습니다만, 기업간에는 점차 깊은 연결고리가 계속될 것입니다. 그리고 갈수록 한층 더 두터워지겠지요. 앞으로도 서로 협력하는 속에서 경쟁을 통하여 상호 레벨 업에 도전, 세계 경제 속에서 거듭 확고한 기반을 만드는 데 노력하지 않으면 안됩니다. 그러기 위해 KMAC가 더욱더 노력할 것을, 그리고 신 부회장님이 한층 건강하게 한국 경제를 위해 활약하실 것을 진심으로 기원합니다.

〈기후차체(주) 대표이사 회장〉

＊＊ 저희 사무실에서 함께 사진을 찍었습니다. 호시노 회장은 지금도 저를 친구라고 불러 주고 계십니다 (왼쪽에서 두 번째).

감사의 댓글

이 분께서 지난 10여 년 동안, 그리고 현재와 미래에까지 저희들에게 막강한 도움을 주신 은혜에 어떻게 보답을 드려야 할지 모르겠습니다. 이 분은 자사의 기업 기밀에 속할 수도 있는, 자신들이 개발해서 육성해 온 고유 기법이며 그 사상의 배경인 'GPS 도요타 생산혁신방식' 을 저희들에게 아낌없이 전수해 주셨습니다.

물론 일본 안에서도 이 분께서 그것을 저희들에게 아낌없이 전수해 주신 데 대해서 그냥 박수만 보내지는 않았을 것입니다. 그 반대의 경우가 더 많았겠지요. 그러나 이 분께서는 자신들의 공으로 일본의 생산기술이 우리나라에 그대로 전파되고 한국의 기술력이 일본 수준에 따라오게 되면 그 이상의 보람은 없는 것이라고 언제나 역설해 주셨습니다.

고맙게도 저희들과 맺은 협약을 충실함 이상으로 지켜 주시고 일본과 한국이 함께 발전해야 한다며, 그런 의미에서 자신들이 가진 사상과 고유 기술을 사심 없이 가르쳐 주시지 않았더라면 오늘날 우리나라의 성장도 그만큼 무디었을 것임은 관계자들 모두가 인정하는 일입니다.

그 동안 저희들 단독으로만도 주요 기업의 핵심 인재 약 6천 명을 직접 현지에 파견하여 교육받게 함으로써 우리나라 산업 발전에 그 역할의 한 자락을 다할 수 있었다고 자부합니다. 더불어 저희 협회가 컨설팅 회사의 초반 기초를 닦게 된 원동력도 여기에 있었다고 자인하고 있습니다.

그 동안 회장님 이하 전체 관계자 여러분께서 베풀어 주신 협조와 헌신에 대해서 새삼스레 다시 한번 깊은 감사를 올립니다.

신 부회장님으로부터 배워 얻은 것

고바타 도모조 古畑友三

지금으로부터 약 20년 전, 관동에 있는 경삼전기 주식회사 사장 재임시에 신 부회장님을 만나뵌 기억이 있다. 그때의 용건은 한국 기업에 일본 기업의 생산 활동 실태를 견학시켜 달라는 것과, 가능하면 경삼전기 주식회사 현장에서의 체험 학습과 개선 기법에 대해서 교육받을 수 없겠는가라는 상담이었다.

제일 먼저 나라를 생각하는 마음을 읽을 수 있었고, 학자풍에 침착하고 겸손하며 시종 웃는 얼굴로 대응하는 자세에 나도 모르게 감동을 했다. 그 자리에서 독단적으로 "이웃인 한국을 위해 도움이 된다면 받아들이지요"라고 대답한 것이 그 후 서로에게 친한 벗으로서의 만남을 연 것으로 기억된다.

기업의 책임자는 한 달에 새로운 명함이 적어도 30장 이상은 생길 정도로 많은 사람들을 만나는 자리이다.

경삼전기 사장 시절에는 당시로선 귀한 '명함 집계용 PC 소프트'를 구입하여 매월 월말이 다가오면 만난 사람의 명함을 집계, 목표(30매 이상)에 미달되면 적극적으로 사람들과 만날 수 있도록 신경을 썼다. 그리하여 사장 재직 7년간 만난 사람은 매월 30명 이상에 이르러 퇴직시에는 약 3천 명의 사람들과 만나게 되었다.

이 많은 사람들 덕분에 퇴직 후 13년이 경과한 지금도 컨설턴트라는 직업을 믿고 일을 맡겨 주시는 감사한 날이 계속되고 있다.

항상 밝은 마음과 웃는 얼굴을 유지할 것.

사장 시절에는 경영 책임이라는 중요한 역할을 맡고 있었기에 종일 웃는 얼굴을 유지하는 것이 곤란했다. 그러나 신 부회장님을 만나뵙고 나서 오늘에 이르기까지 '항상 마음을 밝게, 웃는 얼굴로 사람을 접하자'를 모토로 살고 있다. 특히 퇴직 후에는 컨설턴트라는 지도자의 입장에 있기 때문에 매우 큰 도움이 되고 있다. 이처럼 신 부회장을 통해 인생의 큰 재산을 부여받은 일은 평생 잊을 수 없을 것이다.

맛있는 요리는 매너도 중요하지만 음미하면서 맛있게 먹는 것이 더욱 중요하다.

내가 한국을 방문해서 한국의 궁중요리를 대접받았을 때의 일이다. 음식을 먹는 매너에 대해서 묻자 신 부회장은 "매너보다도 맛보는 것이 중요합니다"라고 말씀하셨다. 이 말의 의미에 대해서 그 뒤 곰곰이 생각해 보았다. 아마도 그것은 '만사에 형식보다는 본질을 중요히 여겨라'라는 함축된 가르침이 아니었나 싶다. 지금도 나는 무슨 일을 할 때면 이 생생한 말을 소중히 떠올리며 일을 하고 있다. 훌륭한 지도자의 한 사람으로서 존경스러운 인물이다.

신 부회장님과의 만남에서 얻은 것.

삼성을 비롯하여 많은 분들이 아직도 경삼전기에 공부를 하러 왔던 당시의 일을 중요히 여겨 주신다. 특히 삼성의 윤 부회장님과의 만남, 그리고 많은 것을 배우게 해 주셨던 것도 신 부회장님 덕분이라고 감사해 하고 있다.

나의 저서 『5현주의』를 한국판으로 한국능률협회에서 발간하여 주신 것도 감사한 일이다. 이 일로 인한 잊을 수 없는 추억도 있다. 어느 날 한국에서 제일 높은 타워의 최상층에서 한국의 명사를 초대하여 성대히 개최하여 주신 출판기념 파티이다.

＊＊ 이 분이 내신 책을 저희가 시리즈로 내서 출판기념회까지 열어 드렸습니다 (오른쪽).

신 부회장님과의 만남을 생각하면 많은 추억들이 주마등처럼 눈앞에 떠오른다. 내 인생에서 잊을 수 없는 큰 은인임에 틀림이 없는 분이다. 언제까지나 건강에 유의하시어 웃는 인생이 계속되기를 마음 깊이 기원한다.

〈전 경삼전기 상임고문〉

감사의 댓글

우리나라의 산업 현장 개선과 합리화 운동을 추진하는 데 있어 이 분만큼 많은 공헌을 해 주신 분도 별로 많지 않을 것입니다. 어디까지나 '현장'을 중심으로 현장에서 직접 진두지휘하며 개선 활동에 몸바쳐 오신 이 분의 노력이 이 땅의 합리화를 크게 촉진하는 원동력이 되었습니다.

이 분께서 그 동안의 경험을 살리어 저술하신 책 『5현주의』 시리즈 다섯 권이 저희들에 의해 번역 출판되어 우리나라 산업의 현장 개선을 촉진하는 데에 커다란 힘이 되기도 했습니다.

지금도 기회가 될 때마다 저희들을 찾아와서 도와주십니다. 매우 바쁘고 일정이 빡빡해서 시간을 쪼개기 어려우신데도 여전히 저희들을 배려해 주고 계십니다.

저에게 특히 친구 이상으로 돈독하게 대해 주신 덕분에 제가 자라오는 데 큰 힘이 되었으며, 저희들의 공장 활성화 노력에 엄청난 충격을 주어 왔음을 부인할 수 있는 분은 그리 많지 않다고 봅니다.

진심으로 다시 한번 감사드립니다.

Cool Head, Hot Heart의 주인공

사이토 쇼고 齊藤彰悟

신영철 부회장님이 올해로 꼭 40년간 한국능률협회에 근무하셨다는 소식을 들었습니다. 활약을 경하드립니다.

신 부회장님은 1992년 1월에 일본 나리타에서 열린 공개강좌 Executive Development Laboratory에 수강자로서 참가하셨습니다. 어쨌든 한국에도 그런 내용의 강좌가 필요할 것이라는 견해에서, 우선 스스로 체험한다는 기분이었을 것으로 생각됩니다. 마침 제가 강사를 담당하여 일주일간 같이 지내게 되었습니다.

신 부회장님은 Cool Head와 Hot Heart의 소유자로서, 수강자 중에서도 발군의 리더십을 발휘하고 계셨습니다. 일에 대한 정열은 놀라울 정도였습니다. 어릴 적부터 생활 속에서 익혀 온 습관이었겠지만, 작고 우연한 일도 소중히 여겨 항상 전력을 다하는 자세에 감탄했던 것입니다.

제가 서울 사무실을 방문했을 때에는 중국어 공부를 하고 계셨습니다. 아마 지금도 무언가에 도전하고 계실 것이라고 생각됩니다.

〈(주)비지니스 컨설턴트(B-CON) 회장〉

＊＊ 리더십 개발 분야에서 이 분 역시 저의 대부님이십니다 (왼쪽).

감사의 댓글

일본 최고의 역사와 전통을 가진 체계적인 인재양성 기관으로서 이 회사가 지닌 권위와 명성은 세계 어디에 내놓아도 전혀 손색이 없다 해도 지나친 말이 아닐 것입니다.

서구 사회에서 일찍부터 발전되고 연구되어 온 매니지먼트에 관련된 사고와 실천의 노하우를 바탕으로, 거기서 파생된 다양한 논리와 기법들을 밑바탕에 깔고 그에 따른 인간관계의 발전을 각 단계별로 체험하게 하는 이 회사의 교육 시스템은 다른 어느 곳에서도 따를 수 없는 유니크한 것으로 인식되고 있습니다. 몇 차례에 걸쳐 그 과정에 참여했던 일은 제 생애 전체에 큰 변혁을 이루는 원동력이 되었습니다. 깊이 감사드립니다.

제 7 장

가장 아름다운 만남, 아내 이성자에 대한 송사(頌辭)

만남

저의 집사람인 그녀와 만난 것은 지금으로부터 41년 전, 그러니까 저의 첫 직장인 월간 「비지네스」 사에 있을 때였습니다.

어느 날 주간님께서 저에게, 경리과에 여직원을 뽑으니 1차 지망자들을 검토해 보라고 하셨습니다. 저는 그 자리에서 즉시 사양했습니다.

"저는 편집에는 관심이 있어도 경리에는 소질도 없거니와 관심도 없습니다. 주간님께서 알아서 하십시오."

그러자 주간님은 심기가 틀어지신 모양입니다.

"경리도 인사에 속하는 거니까 신 편집장께서 보셔야 일이 되지요."

"아니, 저는 봐도 모르니까 관심도 없습니다."

그러다가 마지못해 형식상 들어온 이력서들을 보는 척하다 그냥 내려놓았을 뿐입니다. 그때 주간님이 이렇게 말씀하시면서 이력서 한 장을 내밀어 보여주셨습니다.

"편집장께서도 아시겠지만, 요즘 우리 회사 사정상 젊고 콧대 높은 아가씨는 채용해 보았자 곧 나가 버릴 테니 공연한 헛수고가 될 겝니다. 그런 사람은 오히려 안 뽑은 것만 못하고, 여기 적임자가 있는 것 같으니 다시 한번 잘 보세요."

강원도 도계라는 광산촌에서 우편으로 보내온 이력서였습니다. 보통 지망해 오는 다른 여사원들과는 달리 순박해 보이면서도 지적으로 빛나는 참한 인상의 여성으로, 그 지역 읍사무소와 탄광사무소에서 오랫동안 근무한 경력 사원이었습니다.

"나이 어리고 겉멋 든 처녀 애들은 우리 회사에 전혀 어울리지도 못합니다. 이 아가씨가 어려서부터 고생도 많이 했겠고 우리같이 없는 집 살림에는 꼭 맞춤인 것 같은데, 편집장 생각은 어떠세요?"

저는 그저 퉁명스럽게 대답했습니다.

"저는 모르겠으니 주간님께서 알아서 하십시오."

주간님은 그녀에게 연락해서 면접을 보시고 그 날로 채용했습니다. 아주 적격자라는 것이었습니다.

그런데, 그렇게도 제가 무관심하게 굴어 주간님 혼자서 결정해 채용된 그녀가 사무실에 도착한 그 날부터 이상하게 저의 마음을 끌었습니다. 차분한 인상에 부드러운 말씨, 그리고 이지적인 눈빛에서 그때까지 다른 여성들에게는 전혀 느낄 수 없었던 기품 같은 것이 느껴졌기 때문입니다. 광고를 수탁하러 다니는 연배 높은 어르신들도 처음부터 주간님 이상으로 호평을 하며 같이 데리고 나가 차를 마시고 담소를 나누는 등, '참된 여성' 이라고 칭찬이 끊이질 않았습니다. 그래도 저는 처음부터 취했던 태도가 있었던지라 무관심을 가장하고 모른 체하고 있었습니다.

얼마 후 관례상 저희들끼리 신입사원 환영회를 하는 날이 왔습니다. 술판의 막이 오르고 흥이 돋우어지자 어김없이 의도된 대로 노래자랑 시간이 마련됐고, 마침내는 그 여사원에게 차례가 돌아갔습니다. 그때 술이 몇 잔 들어간 탓도 있었지만 왠지 심사가 뒤틀린 저는 그만 소리를 지르고 말았습니다.

"들을 것 없어! 치우라 그래!"

제가 두 팔을 휘두르며 방해했지만 그녀는 그대로 일어서서 한 곡조 불렀습니다. 생애 처음 듣는 미성이었지요. 그때도 저는 엉거주춤한 상태로 일부러 무관심을 가장하고 있었습니다. 같이 근무하게 된 편집부의 미스 김이라는 여사원이 그녀를 위로하느라고 나섰습니다.

"언니, 다 잊어버리세요. 우리 편집장님 주사가 심해서 그러세요. 참으세요, 술만 없으면 아주 얌전한 분이신데."

그 날 그녀는 밤 늦게 혼자 집으로 돌아가면서 무지하게 저를 욕했다고 합니다.

"원, 제 따위가 뭔데 사람을 우습게 보고…… 콩알만한 회사에서 그래도 편집장이랍시고…… 먼저 사람이 돼야지, 씩씩……."

저 역시 술김에 그랬다곤 하지만 혼자서 '아차! 실수했구나' 하고 후회했습니다. 그 순간 왜 제가 그런 망발을 했는지 알 수가 없었습니다. 그러나 이미 엎질러진 물이었습니다.

그때의 실수가 크게 맘에 걸렸던지, 저는 그 다음 사무실에서 만난 그녀를 선생님이라 부르고 있었습니다.

"이 선생님, 이 선생님……."

왜 그랬는지 지금 돌이켜 생각해 봐도 알 수 없는 일입니다. 제가 웬만한 다른 여성들에게는 모두 반말을 하고 하대를 했지, 빈말로도 전혀 우대하는 일이 없었거든요.

나중에 그녀도 그때 왜 그랬느냐고 몇 차례 물은 적이 있었습니다만, 저도 딱히 이유를 모르니 어쩔 수가 없지요. 속으로 땀을 흘리며 해명 아닌 해명을 했습니다.

"글쎄, 자기가 그런 잡인들 앞에 함부로 노출되는 것이 싫어서 그랬을 거야."

어쨌든 저희 둘은 그 일을 기화로 급격히 가까워졌습니다. 급기야 제가 다른 직원들이 다 있는 앞에서 그녀에게 직접 고백(?)을 하는 경지에까지 이르렀지요.

"이 선생님, 제가 이 선생님하고 결혼을 해야 할 것 같습니다. 오늘 제가 정식으로 청혼을 하고 있습니다. 잘 생각해 보시고 다음 주 화요일까지 꼭 답을 해 주시기 바랍니다."

그리고 화요일이 되자 다시 그녀가 있는 곳에 찾아가서 그 내용을 확인했습니다.

"전에 말씀드린 마감날이 오늘입니다. 제가 지금 다방으로 모실 테니 거기 가서 말씀을 나누시지요."

뜻밖에 그녀는 저를 따라나섰습니다. 저희는 그 자리에서 서로의 형편과 가정사 같은 것을 송두리째 다 털어놓고, 너무 쉽게 결혼까지 하기로 합의를 했습니다. 인생에서 참으로 중차대한 운명이 결정되는 시간이었지요.

그 후 여러 가지 우여곡절 끝에, 제가 한국능률협회로 옮긴 다음 해인 1967년 5월에 그녀와 결혼하고 신혼살림을 차리게 되었습니다. 전무이신 오철구 선생님께서는 그때 이렇게 말씀하셨습니다.

"이제 편집장이 결혼을 했으니 축하할 일이지만 식구들 월급이 더 늘어야 할 텐데, 걱정입니다."

사실 전체 임직원이라야 7명에 불과한 조직에서 제 식구 하나 느는 것도 비례상 큰 부담이셨겠지요. 제가 능률협회에서 결혼한 첫 사례가 되었으니까요.

어떻든 이것이 저희 숙명의 새로운 시작이 되었습니다. 가장 아름답고 값진 '만남', 그 생활이 운명처럼 시작된 것입니다.

당시 저희 집은 참으로 가난해서 결혼 같은 것은 생각도 할 수 없는 형편이었습니다. 그것은 그녀의 집 사정 역시 마찬가지였지요. 저희 집은 오랜 야당 생활로 고생하시던 아버님께서 다행히 4 · 19혁명 후 자유당의 쇠퇴와 의원 결원으로 실시된 보궐선거에서 여당 당원 신분으로 당선은 되셨으나 5 · 16군사정변이 일어나, 결국 8개월 국회의원 생활에 8개월 감옥 생활을 하시는 고초 때문에 풍비박산이 되어 있었습니다.

그녀의 집 역시 아버님이 전란 중 일찍 돌아가시고 어머님 혼자 5남매를 데리고 살아남으셨으니 생활이 수월할 리 없었습니다. 그런 가운데서도 남자들은 군대에 나가거나 공부를 계속하느라 집안을 일으킬 형편이 못 되었고, 모든 뒷바라지는 맏딸인 그녀가 도맡다시피 했다고 합니다. 그러니 그 여건이 어떠했으리라는 것을 짐작하기 어렵지 않습니다. 때마침 아내의 큰오라버니가 서울에서 직장을 잡는 바람에 온 식구가 서울로 이사를 했는데, 제 집사람은 갑자기 일을 놓을 수가 없어서 서울에 일자리가 잡힐 때까지 그 쪽에 혼자 남기로 했었답니다. 그러면서 여기저기 이력서를 넣어 보았던 것이 다행히 저희 회사에 닿아 저를 짝으로 만나게 되었던 것입니다. 태백산맥을 사이에 두고 동과 서로 갈린(도계와 김화) 감자바위 시골 사람 둘이 정말로 우연히, 아주 우연히 만나게 되었던 것입니다.

만남치고는 너무나 우연이되 사실은 아주 필연이었다고 저희 둘은 생각했습니다. 제가 무려 7개월 이상 집에 돈 한푼 못 가져다주며 매일 아침(토요일, 일요일을 포함해서) 소위 출근을 할 때, 아내는 말없이 저의 주머니에 돈을 넣어 주었습니다. 점심 자장면 한 그릇 값과 차비 몇 푼 정도였지만요.

당시 저의 부모님은 어린 동생 둘을 데리고 시골로 농사를 지으러 내려가시고, 저는 혼자 되신 이모님께서 건사를 해 주시는 덕분에 종암동 단칸 셋방에서 남은 형제들과 한 방에 뒹굴며 살았습니다. 그 가운데 저 하나만이 직장을 가지고 있었으니 생활이 말이 되지 않을 정도였습니다. 제 바로 아래 동생만이 같은 환경 속에서 먼저 결혼해 따로 나가 있었지요. 그런 형편은 그녀 쪽도 거의 마찬가지였습니다.

그래도 저는 결혼을 해야 했습니다. 이런 와중에서도 부모님과 특히 이모님이 많이 반대를 하셨습니다. 명색이 서울대 출신이고 머리만 쓰면 다른 귀한 여성들도 많이 있을 텐데 하필이면, 하는 것이 주된 이유였을 것입니다. 이모님은 노골적으로 아주 싫은 내색을 하시며, 이왕이면 약제사나 학교 선생님 등 돈을 버는 여자를 구해야 살림이 좀 펴지 않겠냐며 하소연하시곤 했습니다. 그러나

＊＊ 우리나라 철학계에서 가장 존경받는 지위에 계셨던 박종홍 박사님. 이 분께서 저희들 주례를 서 주시고 격려해 주셨습니다.

제가 굽히지 않고 밀어 대니까 집에서도 할 수 없이 저를 밀어 주셨습니다.(더 세세한 경과는 이만 생략합니다.)

다만 제가 그녀를 저의 배우자로 굳이 고집했던 이유는, 물론 여러 가지가 있지만 무엇보다 그녀가 저희 집에 들어와야만 집안이 바로 되겠다는 판단을 했기 때문입니다. 제가 「비지네스」 사에 있을 때 주간님이 말씀하셨던 것처럼 '없는 집 살림' 을 맡기에 가장 적절한 사람으로 믿은 때문이기도 합니다.

신방 차릴 돈이 모자라서 종암동 밭 가운데에 새로 짓고 있는 건물을 얻어 들었습니다. 2층을 올리는 집인데 짓는 도중 돈이 떨어져서, 위쪽은 겨우 천막 같은 것으로 가리고 방문도 달지 못해 거실을 사이에 두고 문짝 대신 담요를 두른 집이었습니다.

이모님이나 형제들은 차마 그런 곳에 신방을 차릴 수 없다며 양쪽 집을 맞바꿔 살자고 했으나 제가 굳이 우겨서 그렇게 결정했습니다. 저 역시 이모님이나 형제들을 그런 집에 옮기고 저 혼자 제법 그럴 듯한 방에서 살 수는 없었던 것입니다. 그 방에서, 그 더운 여름밤 저희는 땀을 흘리며 깨고 자고 했습니다. 저희들 방 바로 앞의 거실 자리에까지 주인 집 식구들이 자고 있으니 담요를 치고 살지 않을 수도 없었지요.

아내는 밤이면 몰래 밖으로 빠져나가 몇 번씩 목물을 하고 들어오곤 했답니다. 그러고도 더워서 잠들지 못했는데, 저는 너무 태평한 자세로 쿨쿨 자고 있는 것이 신기했다고 합니다. 저야 뭐 그렇게 하는 수밖에 다른 방법이 없어서 그랬겠지요.

그런 가운데도 저는 조금 형편이 나아지자 영어 공부를 하겠다는 이유로 장기 월부로 텔레비전을 사들이고, 또 24개월 월부로 하는 헤임 인터내셔널이라는 값비싼 영어 교재(현재 웅진그룹의 초창기 히트 상품)를 사들이는 등 살림에 직접 도움이 되지 않는 사치를 부렸습니다.

아내가 눈감아 주었기 때문에 저 혼자의 사치가 가능했겠지요.

사실 지나고 보니, 아무 것도 없는 상황에서 하나하나 새로 살림을 장만하는 것만큼 즐겁고 뿌듯한 일은 없었던 것 같습니다. 처음으로 동대문 시장에 나가 고물 라디오 하나를 사들고 와서는 하도 좋아 밤마다 이불 속에 넣고 끼고 자던 일, 전화를 처음 놓았을 때

온 식구가 전화 소리만 나면 한꺼번에 서로 받겠다고 달려들어 싸우곤 하던 일이 아득한 옛일로 기억됩니다.

그 무렵, 한국능률협회 내부에서는 여러 가지 어려움이 누적되어 사세가 크게 기울어 갔습니다. 회사의 금고는 텅 비어 버리고 직원들은 월급도 받지 못하게 되었습니다. 어느덧 월급 한푼 받지 못한 지 7개월이 지났으니 저희 집 형편이야 물으나마나 했습니다. 셋방이 있고 아내가 있고 어린 자매와 아주 어린 막내아들이 있었을 뿐, 집안에 남은 것은 아무 것도 없었습니다. 아내는 결혼식 때 받은 반지와 패물 같은 알량한 물건들은 물론 애들 돌반지까지, 돈이 되는 물건은 모두 내다 팔면서 그 동안 소리 없이 저를 돕고 지탱해 주었다고 합니다. 저는 물론 제 집안이 어떻게 돌아가고 있는지 관심 둘 여유조차 없었습니다.

집에 가면 아내가 따뜻한 밥을 지어 주고, 매일 아침 사무실에 나갈 때는 용돈을 조금씩이나마 넣어 주었기 때문에 안심(?)하고 지냈습니다. 아마도 집안에 무슨 돈이 마르지 않는 샘이라도 있다고 생각했던 모양이지요. 집안일을 아예 묻지도 않았고 바깥일이나 사정에 대해서 일절 알려 주지도 않았습니다.

아내는 그냥 이심전심으로 제 사정을 알았겠지요. 그러던 아내가 어느 날 저에게 이렇게 물었습니다.

"당신 언제까지 그러고 있을 거예요? 높은 사람 아랫사람 다 떠나고 전혀 가망이 없는 일을 당신 혼자 지킨다고 무슨 미래가 있어서요?"

물론 대꾸할 말이 없었습니다.

"이번에 모 단체에서 최종적으로 도와주신다고 했는데, 그 결론이 날 때까지는 움직이지 못할 거요. 그때까지 견디다가 새 길을 찾을 테니 그때까지만……."

막연하지만 그게 제 대답의 전부였지요. 그러나 그 배경에는 제가 어떤 결론도 없이 혼자 살겠다고 몸을 피하는 일은 절대 없을 것이라는 암시가 깔려 있었습니다.

저도 물론 알고 있었습니다.

저는 비록 참고 견딘다 해도 아내와 아이들에게는 그럴 수 없었습니다. 저와 저희 형제들, 그리고 부모님까지도 오랜 세월 동안 너무나 배고프고 쓰라린 생활을 겪어 왔기 때문입니다. 그 고통을 누구보다도 잘 알고 지내 왔기에, 제가 결혼해서 낳을 자식들과 아내에게는 절대 배를 주리거나 등록금을 못 내 학교에서 회초리를 맞고 쫓겨 오는 시련은 죽어도 남겨 주지 않겠다는 결심을 해 왔고, 그것은 언제나 제 마음속에 공포심에 가까운 과제가 되어 있었습니다. 그 시련이 제 앞에 나타나 있었습니다.

아내는 이웃과 친구 · 친척들에게 돈을 꾸고, 친정에서는 또 그 이웃의 돈놀이꾼에게 높은 이자를 내며 돈을 꾸었나 봅니다. 그 일이 오래 계속되다 보니 그 루트도 완전히 메말라 갔던 것 같습니다. 다행히 저의 장모님께서 입이 아주 무거운 분이셔서 제 앞에서 단 한 번도 그런 말씀을 꺼내지 않으셨기에 제 체면과 오기가 상하는 일이 없었고, 저는 그 사실을 모르고 살았던 것입니다.

저는 저대로 당장 사무실에서 필요한 돈을 마련하기 위해 아래

동서에게서 꾸고 거래처에 사정해서 급전을 빌려다 쓰고는 이자를 쳐서 갚는 아슬아슬한 곡예를 계속했습니다. 저 역시 한 번도 그 속을 아내에게 말하지 않은 것은 물론입니다.

저희 장모님께서 그 동안 딸(저의 아내) 때문에 저 모르게 겪으신 그 고초를 이제 와서 어떻게 감사해야 옳은지 모르겠습니다. 그 분께서는 이미 오래전에 저 세상 분이 되셨으니까요.

저는 물론 그 상황을 헤쳐 나가기 위해서 매일매일 최선을 다했습니다.

이후 여러분들의 도움으로 한국능률협회가 사단법인으로 다시 태어나게 되었습니다. 덕분에 저희들은 한숨 돌리게 됐고, 집에도 약간이나마 기름기가 돌게 된 것은 참으로 다행스러운 일이었습니다. 저는 처자식을 굶겨서 거리에 내모는 일 없이 또다시 일에 정진하는 힘을 얻었습니다.

이듬해 총회 때 저는 전혀 뜻하지 않게도 사단법인 한국능률협회의 이사로 선임되었습니다. 거기까지 미처 생각지도 못하고 있었는데 주요한 회장님께서 총회장에서 직접 제 이름을 부르시고 공적을 말씀하실 때 정말로 몸둘 바를 몰랐습니다. 어렸을 때부터 꿈의 인물로만 생각되어 감히 그 앞에 서는 것조차 어려워했던 그 어르신께서 제 이름을 기억해 직접 불러 주시고 격려해 주신 것은 상상할 수도 없는 일이었기 때문입니다.

그 후 제3대 회장님이신 원용석 회장님 때 전무이사로 명을 받아 일하게 되었고, 전경련에 계시던 김정열 부회장님이 상근으로

＊＊ 미국능률협회 (AMA) 존 호턴 회장님께서 저희 협회를 찾아 주셨습니다 (워커힐 호텔 가야금 홀에서).

오셔서 10년을 이끌어 주셨습니다. 그리고 한국능률협회컨설팅이 주식회사로 발족할 때 제가 감히 사장으로 선임되어 송인상 회장님 이하 많은 이사님들의 축하를 받았습니다.

저로서는 정말로 상상도 못했던 일이었습니다. 그날 특히 송인상 회장님 앞에서 벌벌 떨며 감사의 인사말씀을 올린 것이 바로 엊그제 같은데, 벌써 8년 반의 임기를 마치고 본가의 상근부회장으로 부임해서 또 다른 8년 세월을 지낸 것을 생각하니, 순식간에 일하다 사라진 그 시절 그때가 참으로 아름답고 값지게 추억될 뿐입니다.

저희 가족도 열심히들 살아 주었고 딸 둘, 아들 하나도 모두 결혼해서 자식들을 낳아 기르며 사회에 봉사하는 생활인으로 변신해 있습니다. 제 아내도 충실한 내조자로서 또한 가정의 파수꾼으로서 성실하게 살림을 꾸려 나가고 있습니다. 이러한 축복을 주신 모든 분들께 그 동안 입었던 큰 은혜에 다시 한번 머리 숙여 감사를 올립니다.

그런 감사의 마음이 쌓이고 또 쌓인 때문인지, 언젠가부터 가슴에 신앙심이 배어 나오기 시작했습니다.

제가 교회에 나가기 시작한 것은 사장이 되고 난 직후부터였습니다. 백면서생으로 철없이 큰소리만 치고 살았던 제가 갑자기 경영컨설팅회사의 사장이라는 자리에 올라서고 보니, 보이는 것은 모두 저의 허점뿐이었습니다. 그 많은 사람들을 직접 책임지고 업적을 만들어 낸다는 것이 도무지 제 힘으로 할 일이 아니었습니다. 책임이라는 게 그렇게도 크고 무섭다는 것을 처음 실감하였습니다. 반드시 누군가의 힘이 필요했습니다.

저는 제 아내와 함께 교회에 나가기 시작했습니다. 마침 저와 대학 동기이신 그 유명한 유경재 목사님이 안동교회에서 신도들을 이끌고 계셨으므로 그 쪽으로 참여하게 된 것입니다. 아무런 사전 예고도 없이 처음 교회에 나타나 예배에 참석해서 뒷자리에 앉아 있는데, 목사님이 설교 도중 저희 부부를 발견하고 다음과 같이 말씀해 주신 것이 기억납니다.

"하나님의 섭리는 참으로 오묘하신 것입니다. 오늘 우리 교회에 뜻밖에도 저의 대학 동창인 친구 부부가 함께 찾아 주셨습니다. 오랜 친구로서 사회에서도 서로 존중하며 사는 사이였지만 부족한 제가 단 한 번도 교회에 나오기를 권유조차 한 일이 없었는데, 이

제 스스로의 걸음으로 이 자리에 나와 주셨습니다. 하나님의 섭리가 참 놀랍습니다……."

그것은 정말로 하나님의 섭리셨습니다. 저희 부부는 그 날을 기해서 교리도 공부하고 세례도 받았으며, 신자로서 언제나 기도하며 바르게 살기로 맹세했습니다. 그리고 우리 목사님과는 과거 대학 동기로서의 인간관계를 떠나 하나님 아래에서 교직자와 신자로서 예의를 다할 것을 스스로 서약하고 그대로 지켜 가고 있습니다.

다만 근자에 목사님이 교회 창립 1백 주년을 앞두고 조기퇴직을 선언하신 후 홀연히 떠나신 것이 무척 놀랍고도 허전한 일이 되었습니다. 그래서 목사님이 이임하시던 그 날부터 저희도 이른바 안식이라는 명목으로 교회에 나가는 일을 중지한 상태입니다. 그 동안 하나님의 그늘에서, 제가 사회 활동을 해 나가는 데 엄청난 힘과 용기를 받아 왔음을 감히 고백하며 하나님께 깊은 감사를 드립니다.

이제 제가 드릴 말씀의 끝부분이 되겠습니다만, 어둠 속에서 햇빛이 나면 반대쪽에는 그늘이 지는 것이 사람 사는 세상의 상정이 아닌가 합니다.

제가 한국능률협회의 임원으로 등용되면서 살림살이 면에서는 많은 향상이 이루어진 것이 사실입니다만, 반면 육체적으로는 많은 시달림이 새로 생겨났습니다. 그것을 극복하기 위해 저 나름대로는 열심히 노력해 왔지만 사업과 인력을 운영하고 유지하는 데서 오는 스트레스와 강박감, 그에 따르는 고뇌와 압박은 정신력으로만 이겨 내기에는 한계가 컸던 것 같습니다.

어느새 저도 모르는 사이 혈압이 오르고 당뇨가 생기고, 그 밖에도 온갖 질병이 제게 달라붙게 되었습니다. 한두 차례 입원도 했지만 그것으로 그치지 않았습니다. 2000년의 여름이 막 지나가던 8월 말의 어느 날, 저는 제주도 하계 경영자 세미나에 다녀온 다음 날 바로 병원에 들어가 눕게 되었습니다.

"심부전증 말기입니다. 이제 예고해 드린 대로 투석을 받으셔야 합니다. 그러나 희망을 가지십시오."

주치의 선생님의 부드러운 말씀은 그대로 종신형 선고와 같은 것이었습니다.

아내는 아주 담담한 표정으로 저를 입원시켜 놓고 집에 가서 준비물을 챙겨 오겠다고 나갔습니다. 그러려니 했는데, 사실 그녀는 빈 집에 혼자 들어가서 문을 잠그고 침대 위에 엎드려 이불을 뒤집어쓰고 소리 내서 펑펑 울었다고 합니다.

"출세의 영광 속에 이게 무슨 날벼락인가!!!"

그로부터 벌써 7년이 지나고 있지만 저는 지금 멀쩡하게 살아있습니다. 그리고 오래오래 살아남을 것입니다. 그 동안 많은 분들께서 보내 주신 격려와 지도 편달로 저는 지금 아름답고 진정한 삶을 누리고 있다고 생각합니다.

지금은 일주일에 세 번씩 꼬박꼬박 다니는 병원이 제 고향 부모님 품속처럼 따뜻하고 아늑합니다. 주치의 이규백 선생님과 김 향 선생님, 그리고 늘 웃음으로 대해 주시는 '천사표' 우리 간호사님들, 또 동료 여러분과 그 가족 여러분들……. 그리고 저와 같이 투석을 받으시면서 수기를 써서 저와 같은 처지의 많은 분들에게 무한한 감동과 희망을 주신 이순희 여사님. 그 분에게서 받은 감동과 감사와 큰 은혜를 영원히 잊을 수가 없습니다. 저는 그 분께서 쓰신 짧은 글을 읽으면서 몇 번이나 눈물을 흘리고 다시 읽곤 했습니다. 그리고 저도 희망을 얻었습니다.

'이제 나의 하늘은 파랗습니다!'

이런 제목 속에 희망을 담아 자신의 시련을 만천하에 알리신 그 분 덕분에, 지금도 그 글을 접한 많은 분들이 희망의 메신저로, 꿈이 있는 미래를 가꾸며 힘차게 살고 또 그 뜻을 전파하고 계실 것으로 믿습니다.(혹시 이 분의 수기를 꼭 받아 읽고 싶으신 분은 연락을 주시면 제가 메신저 역할을 해 드리겠습니다.)

저 역시 이순희 여사님을 본받아 용감하고 자신 있게 열심히 살라는 하나님의 섭리로 받아들이며 즐거운 인생을 살아가고 있습니다.

저는 지금도 이렇게 큰소리 치며 살아가고 있지만 그 힘이 어디서 나왔느냐고 누가 물으시면 이제 제 대답은 분명합니다. 모두들 아내 자랑은 팔불출의 하나라고 흉을 봅니다만, 저는 이 자리에서 감히 그 팔불출이 되기를 자청합니다.

제가 영구히 낫지 않는 질환을 갖게 되었음을 알았을 때, 제 아내의 충격이 어떠했을지 이제 다 알고도 남을 것 같습니다. 그녀가 집에 가서 이불을 쓰고 혼자 소리 내서 울었다는 이야기도 근자에 와서야 들었습니다. 평소 아주 침착하고 차분해서 좀체로 남들 앞에 어렵거나 수치스런 모습을 보이지 않으려는 그녀의 자연스러운

＊＊ 풍성함이 넘치는 포도 수확의 계절. 저희 부부가 가장 좋아하고 아끼는 두 사람의 사진입니다.

배려이지요.

그런 점이 저와는 아주 다릅니다. 저 같으면 그냥 털어놓아야 시원할 것 같은 이야기도 그녀는 덮어 두고 혼자 삭이는 타입입니다. 물론 실제로 그 속은 저보다 훨씬 더 탈 것입니다. 그래도 매사에 그렇게 신중한 처신으로 그녀는 집안의 평정을 지켜 줍니다. 습관적으로 돈 관리도 전적으로 아내에게 맡기고 삽니다. 공적인 것 이외에는 따로 그런 일에 신경을 쓸 능력이 없는 거지요. 그 동안 여기저기 수없이 했던 이사도 언제나 아내 혼자 책임지고 해냈습니다. 어떤 때는 방을 얻어 이사를 가는데 저는 협회 일이 바쁘다고 출근을 했다가 밤 늦게 약도를 들고 새 집을 찾아가는 일도 있었습니다.

다행히 집도 장만하고 애들도 차례로 출가를 시키고, 그렇게 살림이 안정되자 저희 집도 마이 카 가족으로 합류하게 되었습니다.

애들 전부가 차를 갖게 되고 사위들까지 차를 가지니 저도 평생 안하던 운전을 배워서 하고, 마침내 아내마저도 운전을 배우게 되었습니다. 처음에는 운전대에 앉기만 해도 무섭다고 펄펄 뛰던 것을 제가 필기시험 문제지까지 사다 주고 어르고 달래 1차에 합격시켰고, 실기시험도 직접 따라다니며 응원하고 격려해서 두 번 만에 합격하도록 지원했습니다. 지금은 그 덕분에 베테랑 운전자가 되어 주말 운전과 공휴일은 물론 제가 매주 세 번씩 병원 나들이를 할 때 귀중한 수행비서 겸 운전수 역할을 해 주고 있습니다.

제 아내는 어릴 때 소망이, 커서 간호사가 되는 것이었다고 합니다. 형편상 그 꿈은 물러가고 말았지만 제 덕분(?)에 지금은 아주 훌륭한 간호사 역할까지 겸하고 있습니다.

살림도 아주 깔끔하고, 특히 코가 예민해서 냄새 나는 꼴을 전혀 보지 못합니다. 덕분에 여름에 퇴근을 하면 제 발을 씻는 것은 아내 역할이었습니다. 지금은 매번 이틀에 한 번씩 목욕을 철저히 시켜 주는 것이 아내의 몫입니다. 제가 씻기 싫어하고 또 씻는다 해도 대강대강 하니까 그 꼴을 못 보아 저절로 그렇게 된 것입니다.

매일 아침 구두 손질도 아내 몫입니다. 위와 똑같은 이유에서지요. 또 밥상도 반드시 아내가 돌봐 줍니다. 음식 조절이 그 주된 이유가 되지요.

요즘은 양복을 사도 구두를 사도 전적으로 아내 혼자 결정해서 치수대로 사 옵니다. 제가 혹시 뭘 그리 또 사느냐고 반론을 펴면

＊＊ 프랑스에서 스위스로 가는 TGV 안에서 (앞에 앉은 친구가 너무 웃겨 폭소를 터뜨리고 있습니다).

그녀의 대답은 언제나 명쾌합니다.

“사람은 의복이 날개니까 나이 들수록 더 세련돼야 해요.”

매사가 그러니 저는 그저 믿고 따를 수밖에요. 이제는 모든 일에 아내를 앞세우는 것이 습관처럼 되어 버렸습니다. 요즘은 TV의 채널 선택도 반 이상이 아내 몫이 되어 있지요. 그러면서 저는 행복합니다.

누가 만약 “다음 세상에 다시 결혼하게 된다면 누구를 택하시겠습니까?” 하고 물으면 저는 주저 없이 제 아내를 택할 것입니다. 그만큼 저희 두 사람은 기적과 필연으로 얽힌 천생연분이라고 믿기 때문입니다.

사적인 이야기가 길어져서 죄송합니다. 제 아내는 처음 제가 이 계획을 얘기했을 때 천부당만부당이라고 반대했습니다. 왜 그런 사적인 얘기로 지면을 더럽히느냐고요. 그러나 제가 작심하고 이 글을 강행하고 있습니다. 제 뜻대로 하는 거니까요.

가까운 사람들, 그리고 제가 장가 갈 때 처갓집 어른들(특히 여자 어르신들)이 저에게 말했습니다.

"신 서방 참말로 장가 잘 들었네. 세상에 어디 가서 이런 색시를 얻어와? 복이 터졌지. 살림 잘하겠다, 머리 좋고 성격 좋겠다, 곧 부자 될 거야."

"그대가 잘된 것은 아내 덕으로 아시오!"

친구들도 그렇게 말합니다.

"이 친구, 자네 잘된 것은 계수씨 덕으로 알라구."

직장에서 아주 가까워진 동료 후배들도 이렇게 말했습니다.

"부회장님 잘되신 건 사모님 덕이 크신 것 같아요."

한때는 그 소리를 들을 때마다 속으로 반발했습니다.

'그럼 허깨비가 마누라 덕에 출세했단 말인가?'

그러나 지금은 그 모든 이야기에 긍정합니다. 우리는 영원한 동지이며 동반자인데 누가 누구를 도우면 어떻습니까? 오히려 그런 말을 들으며 사는 것이 축복이라고 생각합니다.

모두들 영원히 큰 복 받으십시오. 감사드립니다. 또 감사드립니다. 이것으로 못난 저의 아내 자랑을 모두 끝맺습니다.

진심으로 감사의 말씀을 올립니다

이제 여기까지 쓰고 나니 제가 다시금 감사의 인사를 올릴 차례가 된 것 같습니다. 아무 것도 가진 것 없는 제가, 그 오랜 세월 동안 변변히 해 놓은 일도 없이 이 일을 벌여 더 많은 폐를 끼치는 우를 범한 건 아닌가, 하는 자괴감을 느끼게 됩니다.

처음에는 아무 부담 없이 가벼운 기분으로 시작했습니다만, 갈수록 부담이 가중되어, 그 짐을 혼자 지고 수습하다 보니 생고생을 자초한 것이 아닌가 싶을 정도로 힘이 들었습니다. 그 동안 신세를 지며 많은 세월 살아온 데 대해 보답은 되지도 않은 채 또 한번의 짐을 지워 드린 것 같아 다시 한번 사과의 말씀을 올립니다.

저를 아끼고 돌보아 주신 많은 어르신들께, 그리고 저에게 큰 도움을 주신 많은 분들께 일일이 그 함자를 들어 가며 인사를 올리려던 생각은, 다른 분들께 결례가 될 수 있으니 억지로라도 삼가는 게 좋겠다는 조언을 좇아 참고 넘어가게 되었음을 말씀 올립니다. 그 점 널리 이해를 구하며 다시 한번 큰절을 올립니다.

이번 책은 정말로 오랫동안의 고민과 방황 끝에 세상에 나오게 되었습니다. 이렇게 어려운 일이라면 아예 처음부터 시작도 하지 말 것을 하고 고민도 많이 했습니다. 그러나 어차피 펼쳐 놓은 일이니, 중도에 포기하기 보다는 이 정도로라도 매듭을 짓는 것이 옳겠다는 생각으로 여기까지 이르게 되었습니다.

더 나은 내일을 향한 과도기적 시련의 과정이라 생각하며 더욱 정진해 나가겠습니다.

다만 그 동안 저에게 많은 도움을 주신 실무 책임자들의 노고에는 제가 스스로 감사의 인사를 드리기로 했습니다.

이 책을 내기로 결정할 때부터 나올 때까지 많은 도움을 주신 저희 협회 고(故) 황형석 팀장에게 영원한 감사를 드립니다. 세세한 관심과 도움을 준 김은자, 강세희, 그리고 박혜영 씨에게도 감사의 말씀을 드립니다.

감사합니다.

2006년 12월

신영철 인사드립니다

만남의 꽃다발

1판 1쇄 발행 2006년 12월 14일
2쇄 발행 2009년 4월 8일

엮은이 신영철

펴낸이 이웅녕
펴낸곳 리드리드출판(주)
출판등록 1978년 5월 15일(제13-19호)

주소 서울 마포구 도화동 544 고려빌딩 209호
홈페이지 www.readlead.kr
이메일 we@readlead.kr
전화 (02)719-1424
팩시밀리 (02)719-1404

값 12,000원

ISBN 89-7277-241-0 03320